中华人民共和国
行政复议法

新旧对照与重点解读

中国法制出版社
CHINA LEGAL PUBLISHING HOUSE

图书在版编目（CIP）数据

中华人民共和国行政复议法新旧对照与重点解读／中国法制出版社编著．—北京：中国法制出版社，2023.9
　　ISBN 978-7-5216-3776-2

　　Ⅰ．①中… Ⅱ．①中… Ⅲ．①行政复议法-法律解释-中国 Ⅳ．①D925.35

中国国家版本馆 CIP 数据核字（2023）第 138415 号

责任编辑：刘晓霞　　　　　　　　　　　　　　封面设计：蒋　怡

中华人民共和国行政复议法新旧对照与重点解读
ZHONGHUA RENMIN GONGHEGUO XINGZHENG FUYIFA XINJIU DUIZHAO YU ZHONGDIAN JIEDU

经销/新华书店
印刷/保定市中画美凯印刷有限公司
开本/850 毫米×1168 毫米　32 开　　　　　　印张/ 4　字数/ 82 千
版次/2023 年 9 月第 1 版　　　　　　　　　　2023 年 9 月第 1 次印刷

中国法制出版社出版
书号 ISBN 978-7-5216-3776-2　　　　　　　　　　　　　定价：16.00 元

北京市西城区西便门西里甲 16 号西便门办公区
邮政编码：100053　　　　　　　　　　　传　真：010-63141600
网址：http://www.zgfzs.com　　　　　　编辑部电话：010-63141664
市场营销部电话：010-63141612　　　　　印务部电话：010-63141606

（如有印装质量问题，请与本社印务部联系。）

目　录

《中华人民共和国行政复议法》学习指引 …………………… 1
《中华人民共和国行政复议法》新旧对照与重点解读表 ……… 12
第一章　总　　则 ………………………………………………… 13
　第 一 条　【立法目的】 ……………………………………… 13
　第 二 条　【适用范围】 ……………………………………… 13
　第 三 条　【工作原则】 ……………………………………… 14
　第 四 条　【行政复议机关、机构及其职责】 ……………… 14
　第 五 条　【行政复议调解】 ………………………………… 15
　第 六 条　【行政复议人员】 ………………………………… 16
　第 七 条　【行政复议保障】 ………………………………… 17
　第 八 条　【行政复议信息化建设】 ………………………… 17
　第 九 条　【表彰和奖励】 …………………………………… 18
　第 十 条　【行政复议与诉讼衔接】 ………………………… 18
第二章　行政复议申请 …………………………………………… 19
　第一节　行政复议范围 ………………………………………… 19
　　第十一条　【行政复议范围】 ……………………………… 19
　　第十二条　【不属于行政复议范围的事项】 ……………… 21
　　第十三条　【行政复议附带审查申请范围】 ……………… 21
　第二节　行政复议参加人 ……………………………………… 22
　　第十四条　【申请人】 ……………………………………… 22
　　第十五条　【代表人】 ……………………………………… 23
　　第十六条　【第三人】 ……………………………………… 23
　　第十七条　【委托代理人】 ………………………………… 24

1

第十八条　【法律援助】………………………………… 24
　　第十九条　【被申请人】………………………………… 25
　第三节　申请的提出 …………………………………………… 26
　　第二十条　【申请期限】………………………………… 26
　　第二十一条　【不动产行政复议申请期限】…………… 27
　　第二十二条　【申请形式】……………………………… 27
　　第二十三条　【行政复议前置】………………………… 28
　第四节　行政复议管辖 ………………………………………… 29
　　第二十四条　【县级以上地方人民政府管辖】………… 29
　　第二十五条　【国务院部门管辖】……………………… 31
　　第二十六条　【原级行政复议决定的救济途径】……… 32
　　第二十七条　【垂直领导行政机关等管辖】…………… 33
　　第二十八条　【司法行政部门的管辖】………………… 33
　　第二十九条　【行政复议和行政诉讼的选择】………… 34

第三章　行政复议受理 …………………………………………… 35
　　第三十条　【受理条件】………………………………… 35
　　第三十一条　【申请材料补正】………………………… 36
　　第三十二条　【部分案件的复核处理】………………… 37
　　第三十三条　【程序性驳回】…………………………… 38
　　第三十四条　【复议前置等情形的诉讼衔接】………… 38
　　第三十五条　【对行政复议受理的监督】……………… 39

第四章　行政复议审理 …………………………………………… 40
　第一节　一般规定 ……………………………………………… 40
　　第三十六条　【审理程序及要求】……………………… 40
　　第三十七条　【审理依据】……………………………… 40
　　第三十八条　【提级审理】……………………………… 41
　　第三十九条　【中止情形】……………………………… 41
　　第四十条　【对无正当理由中止的监督】……………… 43
　　第四十一条　【终止情形】……………………………… 43

第四十二条　【行政行为停止执行情形】……………… 44

第二节　行政复议证据 ……………………………… 45

第四十三条　【行政复议证据种类】………………… 45

第四十四条　【举证责任分配】……………………… 45

第四十五条　【行政复议机关调查取证】…………… 46

第四十六条　【被申请人收集和补充证据限制】…… 47

第四十七条　【申请人等查阅、复制权利】………… 47

第三节　普通程序 …………………………………… 48

第四十八条　【被申请人书面答复】………………… 48

第四十九条　【听取意见程序】……………………… 48

第五十条　【听证情形和人员组成】………………… 49

第五十一条　【听证程序和要求】…………………… 49

第五十二条　【行政复议委员会组成和职责】……… 50

第四节　简易程序 …………………………………… 51

第五十三条　【简易程序适用情形】………………… 51

第五十四条　【简易程序书面答复】………………… 52

第五十五条　【简易程序向普通程序转换】………… 53

第五节　行政复议附带审查 ………………………… 53

第五十六条　【规范性文件审查处理】……………… 53

第五十七条　【行政行为依据审查处理】…………… 54

第五十八条　【附带审查处理程序】………………… 54

第五十九条　【附带审查处理结果】………………… 55

第六十条　【接受转送机关的职责】………………… 55

第五章　行政复议决定 ………………………………… 56

第六十一条　【行政复议决定程序】………………… 56

第六十二条　【行政复议审理期限】………………… 57

第六十三条　【变更决定】…………………………… 58

第六十四条　【撤销或者部分撤销、责令重作】…… 59

第六十五条　【确认违法】…………………………… 60

3

第六十六条　【责令履行】 ································· 60
第六十七条　【确认无效】 ································· 61
第六十八条　【维持决定】 ································· 61
第六十九条　【驳回行政复议请求】 ····················· 62
第七十条　　【被申请人不提交书面答复等情形的处理】 ····· 62
第七十一条　【行政协议案件处理】 ····················· 63
第七十二条　【行政复议期间赔偿请求的处理】 ········· 63
第七十三条　【行政复议调解处理】 ····················· 64
第七十四条　【行政复议和解处理】 ····················· 65
第七十五条　【行政复议决定书】 ······················· 66
第七十六条　【行政复议意见书】 ······················· 66
第七十七条　【被申请人履行义务】 ····················· 67
第七十八条　【行政复议决定书、调解书的强制执行】 ··· 67
第七十九条　【行政复议决定书公开和文书抄告】 ····· 68

第六章　法律责任 ··· 69

第八十条　　【行政复议机关不依法履职的法律责任】 ··· 69
第八十一条　【行政复议机关工作人员法律责任】 ····· 69
第八十二条　【被申请人不书面答复等行为的法律责任】 ··· 70
第八十三条　【被申请人不履行有关文书的法律责任】 ··· 70
第八十四条　【拒绝、阻挠调查取证等行为的法律责任】 ··· 71
第八十五条　【违法事实材料移送】 ····················· 71
第八十六条　【职务违法犯罪线索移送】 ··············· 72

第七章　附　　则 ··· 73

第八十七条　【受理申请不收费】 ······················· 73
第八十八条　【期间计算和文书送达】 ················· 73
第八十九条　【外国人等法律适用】 ····················· 74
第九十条　　【施行日期】 ································· 74

中华人民共和国主席令（第九号） ················· 75
中华人民共和国行政复议法 ···················· 76
　（2023年9月1日）
关于《中华人民共和国行政复议法（修订草案）》的说明 ······ 107
　（2022年10月27日）
全国人民代表大会宪法和法律委员会关于《中华人民共和国
　行政复议法（修订草案）》修改情况的汇报 ············ 110
　（2023年6月26日）
全国人民代表大会宪法和法律委员会关于《中华人民共和国
　行政复议法（修订草案）》审议结果的报告 ············ 114
　（2023年8月28日）
全国人民代表大会宪法和法律委员会关于《中华人民共和国
　行政复议法（修订草案三次审议稿）》修改意见的报告 ······ 118
　（2023年8月31日）

★附赠内容★

　　免费赠送如下内容电子版，请扫描封底"法规编辑部"二维码，在公众号"资料下载"—"新旧对照重点解读"处获取。

核心法规
中华人民共和国行政复议法实施条例
　（2007年5月29日）
中华人民共和国行政诉讼法
　（2017年6月27日）
最高人民法院关于适用《中华人民共和国行政诉讼法》的解释
　（2018年2月6日）
中华人民共和国行政处罚法
　（2021年1月22日）

中华人民共和国行政许可法

　　(2019年4月23日)

中华人民共和国行政强制法

　　(2011年6月30日)

中华人民共和国国家赔偿法

　　(2012年10月26日)

自然资源行政复议规定

　　(2019年7月19日)

中华人民共和国海关行政复议办法

　　(2014年3月13日)

人力资源社会保障行政复议办法

　　(2010年3月16日)

公安机关办理行政复议案件程序规定

　　(2002年11月2日)

税务行政复议规则

　　(2018年6月15日)

《中华人民共和国行政复议法》学习指引

行政复议是政府系统自我纠错的监督制度和解决行政争议的救济制度，是推进法治政府建设的重要抓手，也是维护公民、法人和其他组织合法权益的重要渠道。1999年4月29日，第九届全国人民代表大会常务委员会第九次会议通过行政复议法，自1999年10月1日起施行。此后，根据2009年8月27日第十一届全国人民代表大会常务委员会第十次会议《关于修改部分法律的决定》第一次修正，根据2017年9月1日第十二届全国人民代表大会常务委员会第二十九次会议《关于修改〈中华人民共和国法官法〉等八部法律的决定》第二次修正。2023年9月1日，第十四届全国人民代表大会常务委员会第五次会议通过了新修订的行政复议法，自2024年1月1日起施行。

行政复议法颁布实施以来，对防止和纠正违法的或不当的行政行为，保护公民、法人和其他组织的合法权益，保障和监督行政机关依法行使职权发挥了重要作用。

随着经济社会发展，行政复议制度也暴露出一些突出问题：一是吸纳行政争议的入口偏窄，部分行政争议无法进入行政复议渠道有效解决。二是案件管辖体制过于分散，群众难以找准行政复议机关，不利于将行政争议化解在基层、化解在萌芽状态。三是案件审理机制不够健全，审理标准不统一，影响办案质量和效率。为解决上述问题，有必要对行政复议法进行全面修改。修订行政复议法，是深入推进法治政府建设的客观要求，有利于推动行政复议工作与法治政府建设同向发力，在推进全面依法治国、实现国家治理体系和治理能力现代化中发挥积极作用；是全面总结改革实践经验的重要举措，有利于实现改革系统集成、协同高效，巩固和深化行政复议改革成果，推动行政复议制度更加成熟定型；是重点解决突出矛盾问题的现实需要，有利于实现行政复议的制度设计初衷，充分发挥行政复议化解行政争议的主渠道作用，使群众愿意并能够通过行政复议真正解决纠纷、维护自身合法权益。

一、行政复议法的主要内容

修改后的行政复议法共7章，90条，主要内容包括：

（一）行政复议法的立法目的、工作原则、履职保障。一是将防止和纠正违法的或者不当的行政行为等作为立法目的。二是明确本法的适用情形。三是行政复议工作坚持中国共产党的领导，行政复议机关应当遵循合法、公正、公开、高效、便民、为民的原则。四是行政复议机关、行政复议机构及其职责。五是行政复议机关办理行政复议案件，可以进行调解以及应当遵循的原则。六是行政复议人员队伍建设和要求。七是行政复议人员配备、办案场所、设施、经费等保障，信息化建设以及表彰奖励。八是行政复议与行政诉讼的衔接。

（二）行政复议申请。一是列举可以依法申请行政复议的情形、不属于行政复议范围的事项，以及可以附带审查申请的规范性文件的范围。二是行政复议申请人的范围，代表人、第三人、委托代理人及其权限，被申请人及其确定规则。三是行政复议申请期限，书面申请和口头申请的形式，应当先申请行政复议再提起行政诉讼的情形。四是县级以上地方各级人民政府、国务院部门的管辖。五是对实行垂直领导的行政机关、税务和国家安全机关，履行行政复议机构职责的地方人民政府司法行政部门的行政行为不服，如何申请行政复议。

（三）行政复议受理。一是行政复议受理审查期限及具体条件。二是行政复议申请材料补正期限及程序。三是对当场作出或者依据电子技术监控设备记录的违法事实作出的行政处罚决定的复核程序。四是受理行政复议申请后发现不符合受理条件的处理。五是行政复议前置等情形与行政诉讼的衔接。六是上级行政机关对行政复议机关履职行为的监督。

（四）行政复议审理。一是行政复议审理程序、审理依据、提级审理、中止和终止情形、不停止执行原则及例外规定等。二是行政复议证据种类、举证责任、调查取证、查阅复制等证据有关的规定。三是听取意见、组织听证、行政复议委员会组成及其职责等普通程序规定。四是简易程序适用情形、审理形式、转化为普通程序的条件和程序等。五是行政复议附带审查的处理权限、转送流程、处理程序和结果运用等。

（五）行政复议决定。一是行政复议决定程序和依据。二是行政复议决定作出的期限要求。三是变更、撤销或者部分撤销、责令重作、确认违法、责令履行、确认无效、决定维持、驳回请求等行政复议决定的适用情形。四是被申请人不按规定提出书面答复和提交证据等行为的后果。五是被申请人不依法订立、违法变更行政协议等行为的后果。六是行政复议一并提出行政赔偿请求的处理。七是行政复议调解书的生效程序。八是当事人达成和解协议的处理。九是行政复议决定书、意见书的效力及执行。十是行政复议决定书的公开及有关文书的抄告。

（六）法律责任。一是行政复议机关及有关人员不依法履责的法律责任。二是行政复议机关工作人员徇私舞弊或者有其他渎职、失职行为的法律责任。三是被申请人及有关人员违反本法规定的法律责任。四是被申请人不履行或者无正当理由拖延履行行政复议决定书、调解书、意见书的法律责任。五是拒绝、阻挠行政复议人员调查取证等行为的法律责任。六是行政复议机关对有关违法线索的移送处理。

（七）附则。一是受理行政复议申请不得向申请人收取任何费用。二是期间计算和文书送达的适用规则。三是外国人、无国籍人、外国组织在中华人民共和国境内申请行政复议，适用本法。四是修订后本法的施行日期重新确定，即2024年1月1日。

二、行政复议法2023年修改要点

2023年行政复议法修订，重点增加和修改了以下内容：

（一）完善立法目的、工作原则、队伍建设、履职保障

一是立法目的和工作原则。将发挥行政复议化解行政争议的主渠道作用、推进法治政府建设作为立法目的；增加规定行政复议工作坚持中国共产党的领导；在行政复议机关履职原则中完整体现"公正、高效、便民、为民"。

二是强化行政复议指导监督。增加规定行政复议机关应当加强行政复议工作，支持和保障行政复议机构依法履行职责。上级行政复议机构对下级行政复议机构的行政复议工作进行指导、监督。国务院行政复议机构可以发布行政复议指导性案例。

三是行政复议调解。增加规定行政复议机关办理行政复议案件，可以进行调解。调解应当遵循合法、自愿的原则，不得损害国家利益、社会公共利益和他人合法权益，不得违反法律、法规的强制性规定。

四是行政复议人员队伍建设。增加规定国家建立专业化、职业化行政复议人员队伍。国务院行政复议机构应当会同有关部门制定行政复议人员工作规范，加强对行政复议人员的业务考核和管理。

五是人员、设施和经费保障。增加规定行政复议机关应当确保行政复议机构的人员配备与所承担的工作任务相适应，提高行政复议人员专业素质，根据工作需要保障办案场所、装备等设施。县级以上各级人民政府应当将行政复议工作经费列入本级预算。

六是信息化建设。增加规定行政复议机关应当加强信息化建设，运用现代信息技术，方便公民、法人或者其他组织申请、参加行政复议，提高工作质量和效率。

七是表彰奖励。增加规定对在行政复议工作中做出显著成绩的单位和个人，按照国家有关规定给予表彰和奖励。

(二) 完善行政复议范围，增强行政复议吸纳和化解行政争议的能力

一是扩大行政复议范围。主要包括：对行政机关作出的赔偿决定或者不予赔偿决定不服；对行政机关作出

的不予受理工伤认定申请决定或者工伤认定结论不服；认为行政机关不依法订立、不依法履行、未按照约定履行或者违法变更、解除政府特许经营协议、土地房屋征收补偿协议等行政协议；认为行政机关在政府信息公开工作中侵犯其合法权益。

二是完善行政复议前置范围。主要体现在：将对当场作出的行政处罚决定不服、认为行政机关未依法履行法定职责、申请政府信息公开但行政机关不予公开的情形纳入行政复议前置范围；将行政复议前置其他情形的设定权限由"法律、法规"修改为"法律、行政法规"；规定对于行政复议前置情形，行政机关在作出行政行为时应当告知公民、法人或者其他组织先向行政复议机关申请行政复议。

三是完善行政复议附带审查范围及程序。将法律、法规、规章授权的组织的规范性文件纳入附带审查范围，并根据有权处理和无权处理的情况分别规定了相应的处理程序，明确答复时限、处理流程、审查意见运用等。

（三）增加便民为民举措，方便申请人申请和参加行政复议

一是同一行政复议案件申请人人数众多的，可以由申请人推选代表人参加行政复议。

二是申请人、第三人可以委托一至二名律师、基层法律服务工作者或者其他代理人代为参加行政复议。

三是符合法律援助条件的行政复议申请人申请法律援助的，法律援助机构应当依法为其提供法律援助。

四是行政机关通过互联网渠道送达行政行为决定的，应当同时提供提交行政复议申请书的互联网渠道。

五是行政复议申请材料不齐全或者表述不清楚，行政复议机关无法判断是否符合受理条件的，应当在五日内书面通知申请人补正。

六是对当场作出或者依据电子技术监控设备记录的违法事实作出的行政处罚决定不服申请行政复议的，可以通过作出行政处罚决定的行政机关提交行政复议申请。

七是明确行政机关未告知申请复议权利等情形时申请期限相应延长，对涉及不动产的行政复议申请期限作出特殊规定。

（四）优化行政复议管辖体制，突出行政复议公正高效的制度优势

一是明确县级以上地方各级人民政府统一管辖以本级人民政府派出机关、工作部门及其派出机构、下一级人民政府以及有关法律、法规、规章授权的组织为被申请人的行政复议案件。

二是规定海关、金融、外汇管理等实行垂直领导的行政机关、税务和国家安全机关，保留行政复议职责。

三是规定国务院部门管辖本部门及其派出机构、授权组织作为被申请人的行政复议案件。

四是对直辖市、设区的市人民政府工作部门依法设立的派出机构作为被申请人的行政复议案件，作出相对灵活的管辖制度安排。

五是规定对履行行政复议机构职责的地方人民政府司法行政部门的行政行为不服的，申请人可以向本级人民政府申请行政复议，也可以向上一级司法行政部门申请行政复议。

（五）完善行政复议受理和审理程序，提高行政复议公正性

一是明确行政复议受理条件。对符合法定条件的，行政复议机关应当予以受理；行政复议申请的审查期限届满，行政复议机关未作出不予受理决定的，审查期限届满之日起视为受理。

二是明确行政复议案件审理的一般规定。规定行政复议机关适用普通程序或者简易程序进行审理，明确适用简易程序的情形，促进行政复议案件的"繁简分流"；上级行政复议机关根据需要，可以审理下级行政复议机关管辖的行政复议案件；对行政复议中止、终止程序和行政复议期间停止执行的情形作出规定；完善行政复议证据规定，对申请人、被申请人的举证责任，以及行政复议机关的调查取证予以明确。

三是对普通程序审理案件作出规定。规定除当事人原因不能听取意见外，行政复议机构应当通过多种方式

听取当事人意见；规定审理重大、疑难、复杂案件，行政复议机构应当组织听证；规定县级以上各级人民政府应当建立行政复议委员会，为办理行政复议案件提供咨询意见，就行政复议工作中的重大事项和共性问题研究提出意见。明确应当提请行政复议委员会咨询的情形，行政复议委员会的咨询意见是行政复议决定的重要参考依据。

（六）优化行政复议决定体系和监督措施，推动行政争议实质性化解

一是细化行政复议决定类型，突出变更决定的运用，按照变更、撤销或者部分撤销、责令重作、确认违法、责令履行、确认无效、维持、驳回请求等顺序，对行政复议决定作出规定。

二是对行政协议的决定类型作特殊规定，即针对被申请人不依法履行行政协议等情形，行政复议机关决定被申请人承担依法订立、继续履行、采取补救措施或者赔偿损失等责任。

三是对调解书的制作和生效、行政复议和解等作出规定。规定行政复议调解书经各方当事人签字或者签章，并加盖行政复议机关印章，即具有法律效力；当事人达成和解后，由申请人向行政复议机构撤回行政复议申请。

四是规定行政复议机关在办理行政复议案件中，发现被申请人或者其他下级行政机关的有关行政行为违法

或者不当的，可以制发行政复议意见书。

五是强化执行行政复议决定的执行监督力度。规定被申请人不履行行政复议决定书的，行政复议机关或者有关上级行政机关应当责令其限期履行，并可以约谈被申请人的有关负责人或者予以通报批评。根据不同的决定类型，可以分别由有关机关强制执行。同时，对行政复议决定书对公开和有关文书抄告作出规定。

（七）强化法律责任，维护行政复议的公正权威

一是强化行政复议机关及有关人员不依法履行职责、徇私舞弊等行为的法律责任。

二是明确被申请人不提交书面答复、不履行或者无正当理由拖延履行行政复议决定书等行为的法律责任。

三是对拒绝、阻挠行政复议人员调查取证，故意扰乱行政复议工作秩序的行为规定了法律责任。

四是对行政复议机关移送有关人员违法的事实材料以及贪污贿赂、失职渎职等职务违法或者职务犯罪问题线索作出规定。

《中华人民共和国行政复议法》新旧对照与重点解读表[*]

（左栏**黑体**部分为增加或修改，
右栏~~删除线~~部分为删去，右栏<u>下划线</u>部分为移动）

目　　　录	目　　　录
第一章　总　　则	第一章　总　　则
第二章　行政复议申请	第二章　行政复议范围
第一节　行政复议范围	第三章　行政复议申请
第二节　**行政复议参加人**	第四章　行政复议受理
第三节　**申请的提出**	第五章　行政复议决定
第四节　行政复议管辖	第六章　法律责任
第三章　行政复议受理	第七章　附　　则
第四章　**行政复议审理**	
第一节　**一般规定**	
第二节　**行政复议证据**	
第三节　**普通程序**	
第四节　**简易程序**	
第五节　**行政复议附带审查**	
第五章　行政复议决定	
第六章　法律责任	
第七章　附　　则	

　　此次修订，对章节作出较大调整，在第二章"行政复议申请"中分四节规定行政复议范围、行政复议参加人、申请的提出、行政复议管辖；增加第四章"行政复议审理"，分五节对行政复议审理的一般规定、行政复议证据、普通程序、简易程序、行政复议附带审查作出规定。

---

[*] 以下表格左栏为2023年9月1日第十四届全国人民代表大会常务委员会第五次会议修订公布的新《行政复议法》，右栏为1999年4月29日通过、2009年8月27日第一次修正、2017年9月1日第二次修正的旧《行政复议法》。

第一章 总 则

第一条 【立法目的】

第一条 为了防止和纠正违法的或者不当的行政行为，保护公民、法人和其他组织的合法权益，**监督和保障**行政机关依法行使职权，**发挥行政复议化解行政争议的主渠道作用，推进法治政府建设**，根据宪法，制定本法。	第一条 为了防止和纠正违法的或者不当的~~具体~~行政行为，保护公民、法人和其他组织的合法权益，保障和监督行政机关依法行使职权，根据宪法，制定本法。

1. 行政复议是政府系统自我纠错的监督制度和解决行政争议的救济制度，将"保障和监督"修改为"监督和保障"，突出行政复议的监督功能。
2. 按照"发挥行政复议公正高效、便民为民的制度优势和化解行政争议主渠道作用"要求，修改立法目的，体现党中央改革精神。
3. 法治政府建设是全面依法治国的重点任务和主体工程。贯彻落实全面依法治国总体要求，将"推进法治政府建设"作为本法的立法目的。

第二条 【适用范围】

第二条 公民、法人或者其他组织认为**行政机关的**行政行为侵犯其合法权益，向行政复议机关提出行政复议申请，行政复议机关**办理**行政复议**案件**，适用本法。 前款所称行政行为，包括法律、法规、规章授权的组织的行政行为。	第二条 公民、法人或者其他组织认为~~具体~~行政行为侵犯其合法权益，向行政机关提出行政复议申请，行政机关**受理**行政复议~~申请、作出行政复议决定~~，适用本法。

13

"法律、法规、规章授权的组织的行政行为"是公权力的重要组成，应当纳入本法调整范围；在本条中统一规定，有利于法律文本表述的简洁精炼。

第三条 【工作原则】

第三条 行政复议工作坚持中国共产党的领导。 行政复议机关履行行政复议职责，应当遵循合法、公正、公开、**高效**、便民、**为民**的原则，坚持有错必纠，保障法律、法规的正确实施。	第四条 行政复议机关履行行政复议职责，应当遵循合法、公正、公开、~~及时~~、便民的原则，坚持有错必纠，保障法律、法规的正确实施。

1. 在立法中加强党的领导，是新时代立法工作的重要要求，坚持党的领导，有利于把握行政复议工作的正确政治方向。
2. 将行政复议机关履行行政复议职责应当遵循原则中的"及时"修改为"高效"，增加"为民"，完整体现"行政复议公正高效、便民为民的制度优势"。

第四条 【行政复议机关、机构及其职责】

第四条 县级以上各级人民政府以及其他依照本法履行行政复议职责的行政机关是行政复议机关。 行政复议机关办理行政复议事项的机构是行政复议机构。行政复议机构同时组织办理行政复议机关的行政应诉事项。 行政复议机关应当加强行政复议工作，支持和保障行政复议	第三条第一款 依照本法履行行政复议职责的行政机关是行政复议机关。行政复议机关~~负责法制工作的~~机构具体办理行政复议事项，~~履行下列职责：~~ ~~(一) 受理行政复议申请；~~ ~~(二) 向有关组织和人员调查取证，查阅文件和资料；~~ ~~(三) 审查申请行政复议的具体行政行为是否合法与适当，拟~~

机构依法履行职责。上级行政复议机构对下级行政复议机构的行政复议工作进行指导、监督。 国务院行政复议机构可以发布行政复议指导性案例。	~~订行政复议决定；~~ ~~(四) 处理或者转送对本法第七条所列有关规定的审查申请；~~ ~~(五) 对行政机关违反本法规定的行为依照规定的权限和程序提出处理建议；~~ ~~(六) 办理因不服行政复议决定提起行政诉讼的应诉事项；~~ ~~(七) 法律、法规规定的其他职责。~~

1. 突出体现"县级以上各级人民政府",贯彻落实改革要求及原则上县级以上地方人民政府只保留一个行政复议机关,由本级人民政府统一行使行政复议职责。

2. 规定行政复议机关办理行政复议事项的机构是行政复议机构,进一步明确二者之间的关系。

3. 规定行政复议机关"加强""支持和保障"等义务,主要为了解决体制改革后司法行政部门履行职责的组织保障问题。

4. 明确上级行政复议机构对下级行政复议机构的行政复议工作进行指导、监督,以及国务院行政复议机构可以发布行政复议指导性案例,旨在确保行政复议工作标准、法律适用的规范、统一和协调。

第五条 【行政复议调解】

第五条 行政复议机关办理行政复议案件,可以进行调解。 调解应当遵循合法、自愿的原则,不得损害国家利益、社会公共利益和他人合法权益,不得违反法律、法规的强制性规定。	新增条文

1. 总结行政复议调解实践经验和实施条例有关规定的实施效果，在总则中规定行政复议调解及其遵循的原则。调解适用于行政复议案件"办理"全过程，即在受理审查过程中和审理阶段，均可以进行调解，推动行政争议的实质性化解。

　　2. 强调行政复议调解的积极作用，并不意味着所有的行政复议案件都适宜调解。行政复议调解应当遵循合法、自愿的原则，并严格遵守相关的禁止性规定。

第六条　【行政复议人员】

第六条　国家建立专业化、职业化行政复议人员队伍。 　　行政**复议机构**中初次从事行政复议**工作**的人员，应当通过国家统一法律职业资格考试取得法律职业资格，**并参加统一职前培训**。 　　国务院行政复议机构应当会同有关部门制定行政复议人员工作规范，加强对行政复议人员的业务考核和管理。	第三条第二款　行政~~机关~~中初次从事行政复议的人员，应当通过国家统一法律职业资格考试取得法律职业资格。

　　1. 行政复议人员队伍的专业化、职业化建设是行政复议体制改革的重要要求，需要总结各地经验，加强制度建设的组织保障。

　　2. 行政复议人员工作规范是本法规定的受理、审理等程序得以实施的重要保障，也是规范行政复议工作的重要途径。本条第二款规定属于授权条款，国务院行政复议机构应制定相应的配套规定。

第七条 【行政复议保障】

第七条　行政复议机关应当确保行政复议机构的人员配备与所承担的工作任务相适应，提高行政复议人员专业素质，根据工作需要保障办案场所、装备等设施。县级以上各级人民政府应当将行政复议工作经费列入本级预算。	第三十九条　行政复议机关受理行政复议申请，不得向申请人收取任何费用。行政复议活动所需经费，应当列入本机关的行政经费，由本级财政予以保障。 （旧第三十九条第一句移至新第八十七条）

　　本条是关于行政复议人员配备、办案场所装备等设施和经费保障的具体要求，需要各级人民政府通过编制管理、财务常态化制度化的支持等予以保障。比如，要按照"事编匹配、优化节约、按需调剂"的原则，合理调配编制资源，确保行政复议机构的人员配备与工作实际相适应；根据调查核实证据、出庭应诉等实际工作需要配备办案保障设施。

第八条 【行政复议信息化建设】

第八条　行政复议机关应当加强信息化建设，运用现代信息技术，方便公民、法人或者其他组织申请、参加行政复议，提高工作质量和效率。	新增条文

　　本条是此次修改新增内容。信息化建设是提高行政复议质效的重要途径，目前有关方面正在积极推进行政复议工作平台建设，要充分利用这些信息化手段，方便公民、法人和其他组织申请参加行政复议，切实增强工作的透明度和便捷性。

第九条 【表彰和奖励】

第九条 对在行政复议工作中做出显著成绩的单位和个人,按照国家有关规定给予表彰和奖励。	新增条文

本条是此次修改新增内容。通过表彰奖励有利于提高有关方面参与行政复议工作的主动性和积极性,助力行政复议发挥化解行政争议的主渠道作用。

第十条 【行政复议与诉讼衔接】

第十条 公民、法人或者其他组织对行政复议决定不服的,可以依照《中华人民共和国行政诉讼法》的规定向人民法院提起行政诉讼,但是法律规定行政复议决定为最终裁决的除外。	第五条 公民、法人或者其他组织对行政复议决定不服的,可以依照行政诉讼法的规定向人民法院提起行政诉讼,但是法律规定行政复议决定为最终裁决的除外。

对行政复议决定不服可以提请行政诉讼,是对行政复议的重要监督和救济措施,可以提请行政诉讼是原则。例外情形只能由法律作出规定,比如根据《出境入境管理法》第六十四条规定,外国人对依照本法规定对其实施的继续盘问、拘留审查、限制活动范围、遣送出境措施不服的,可以依法申请行政复议,该行政复议决定为最终决定。根据《出口管制法》第四十一条规定,有关组织或者个人对国家出口管制管理部门的不予许可决定不服的,可以依法申请行政复议。行政复议决定为最终裁决。

第二章　行政复议申请

第一节　行政复议范围

第十一条　【行政复议范围】

第十一条　有下列情形之一的，公民、法人或者其他组织可以依照本法申请行政复议： （一）对行政机关作出的行政处罚决定不服； （二）对行政机关作出的行政强制措施、**行政强制执行决定**不服； （三）**申请行政许可，行政机关拒绝或者在法定期限内不予答复，或者对行政机关作出的有关行政许可的其他决定**不服； （四）对行政机关作出的确认自然资源的所有权或者使用权的决定不服； （五）对行政机关作出的**征收征用决定及其补偿**决定不服； （六）对行政机关作出的赔偿决定或者不予赔偿决定不服； （七）**对行政机关作出的不予受理工伤认定申请的决定或者工伤认定结论不服**； （八）认为行政机关侵犯其经营自主权或者农村土地承包经营权、农村土地经营权；	第六条　有下列情形之一的，公民、法人或者其他组织可以依照本法申请行政复议： （一）对行政机关作出的~~警告、罚款、没收违法所得、没收非法财物、责令停产停业、暂扣或者吊销许可证、暂扣或者吊销执照、行政拘留等~~行政处罚决定不服~~的~~； （二）对行政机关作出的~~限制人身自由或者查封、扣押、冻结财产等~~行政强制措施决定不服~~的~~； （三）对行政机关作出的有关许可~~证、执照、资质证、资格证等证书变更、中止、撤销~~的决定不服~~的~~； （四）对行政机关作出的关于确认~~土地、矿藏、水流、森林、山岭、草原、荒地、滩涂、海域~~等自然资源的所有权或者使用权的决定不服~~的~~； （五）认为行政机关侵犯合法~~的~~经营自主权~~的~~；

19

（九）认为行政机关滥用行政权力排除或者限制竞争； （十）认为行政机关违法集资、摊派费用或者违法要求履行其他义务； （十一）申请行政机关履行保护人身权利、财产权利、受教育权利等合法权益的法定职责，行政机关拒绝履行、未依法履行或者不予答复； （十二）申请行政机关依法给付抚恤金、社会保险待遇或者最低生活保障等社会保障，行政机关没有依法给付； （十三）认为行政机关不依法订立、不依法履行、未按照约定履行或者违法变更、解除政府特许经营协议、土地房屋征收补偿协议等行政协议； （十四）认为行政机关在政府信息公开工作中侵犯其合法权益； （十五）认为行政机关的其他行政行为侵犯其合法权益。	（六）~~认为行政机关变更或者废止农业承包合同，侵犯其合法权益的~~； （七）认为行政机关违法集资、~~征收财物、~~摊派费用或者违法要求履行其他义务~~的~~； （八）~~认为符合法定条件，申请行政机关颁发许可证、执照、资质证、资格证等证书，或者申请行政机关审批、登记有关事项，行政机关没有依法办理的~~； （九）申请行政机关履行保护人身权利、财产权利、受教育权利的法定职责，行政机关~~没有依法履行的~~； （十）申请行政机关依法~~发放~~抚恤金、社会保险金或者最低生活保障费，行政机关没有依法~~发放的~~； （十一）认为行政机关的其他~~具体~~行政行为侵犯其合法权益~~的~~。

　　本条是此次修改的重点内容，主要从两个方面对行政复议范围有关规定进行了完善。

　　1. 增加可以申请行政复议的情形，主要包括：对行政机关作出的征收征用决定及其补偿决定不服；对行政机关作出的赔偿决定或者不予赔偿决定不服；对行政机关作出的不予受理工伤认定申请的决定或者工伤认定结论不服；认为行政机关不依法订立、不依法履行、未按照约定履行或者违法变更、解除政府特许经营协议、土地房屋征收补偿协议等行政协议；认为行政机关在政府信息公开工作中侵犯其合法权益。

　　2. 对行政处罚、行政强制措施、行政许可、自然资源确权等内容的表述进行简化调整。

第十二条 【不属于行政复议范围的事项】

第十二条 下列事项不属于行政复议范围： （一）国防、外交等国家行为； （二）行政法规、规章或者行政机关制定、发布的具有普遍约束力的决定、命令等规范性文件； （三）行政机关对行政机关工作人员的奖惩、任免等决定； （四）行政机关对民事纠纷作出的调解。	第八条 ~~不服行政机关作出的行政处分或者其他人事处理决定的~~，依照有关法律、行政法规~~的规定提出申诉~~。 ~~不服行政机关对民事纠纷作出的调解~~或者其他处理，依法申请仲裁或者向人民法院提起诉讼。

本条规定了不属于行政复议范围的事项。此次修改增加规定国防、外交等国家行为和规范性文件，并将行政机关的人事处理决定具体化，与《行政诉讼法》第十三条的有关规定保持衔接。

第十三条 【行政复议附带审查申请范围】

第十三条 公民、法人或者其他组织认为行政机关的行政行为所依据的下列规范性文件不合法，在对行政行为申请行政复议时，可以一并向行政复议机关提出对该规范性文件的附带审查申请： （一）国务院部门的规范性文件； （二）县级以上地方各级人民政府及其工作部门的规范性文件；	第七条 公民、法人或者其他组织认为行政机关的~~具体~~行政行为所依据的下列规定不合法，在对~~具体~~行政行为申请行政复议时，可以一并向行政复议机关提出对该规定的审查申请： （一）国务院部门的规定； （二）县级以上地方各级人民政府及其工作部门的规定； （三）乡、镇人民政府的规定。

21

（三）乡、镇人民政府的规范性文件； （四）法律、法规、规章授权的组织的规范性文件。 　　前款所列**规范性文件**不含规章。规章的审查依照法律、行政法规办理。	前款所列**规定**不含~~国务院部委员会规章和地方人民政府~~规章。规章的审查依照法律、行政法规办理。

　　规范性附带审查是建设法治政府、推进依法行政的重要手段。赋予公民申请对规范性文件合法性审查的权利，有利于促进案件依法办理，切实解决依据不合法等问题。除了规范性文件，对国务院部门和地方人民政府制定的规章，按照有关法律、行政法规规定的备案审查等方式办理。

第二节　行政复议参加人

第十四条　【申请人】

第十四条　依照本法申请行政复议的公民、法人或者其他组织是申请人。 　　有权申请行政复议的公民死亡的，其近亲属可以申请行政复议。有权申请行政复议的法人或者其他组织终止的，其权利**义务承受人**可以申请行政复议。 　　有权申请行政复议的公民为无民事行为能力人或者限制民事行为能力人的，其法定代理人可以代为申请行政复议。	第十条第一款、第二款　依照本法申请行政复议的公民、法人或者其他组织是申请人。 　　有权申请行政复议的公民死亡的，其近亲属可以申请行政复议。<u>有权申请行政复议的公民为无民事行为能力人或者限制民事行为能力人的，其法定代理人可以代为申请行政复议</u>。有权申请行政复议的法人或者其他组织终止，~~承受~~其权利~~的法人或者其他组织~~可以申请行政复议。

本条规定了申请人的概念，以及有权申请行政复议的公民死亡、法人或者其他组织终止，公民为无民事行为能力人或者限制民事行为能力等情形下申请行政复议的主体，有利于更好维护公民、法人和其他组织的合法权益。

第十五条 【代表人】

第十五条 同一行政复议案件申请人人数众多的，可以由申请人推选代表人参加行政复议。 代表人参加行政复议的行为对其所代表的申请人发生效力，但是代表人变更行政复议请求、撤回行政复议申请、承认第三人请求的，应当经被代表的申请人同意。	新增条文

本条是此次修改新增内容。推选代表人参加诉讼，是民事诉讼、行政诉讼中行之有效的一项制度，可以节约行政复议资源，有利于当事人降低成本、集中表达诉求。"人数众多"和推选代表人的标准，可由本法实施条例作出具体规定。

第十六条 【第三人】

第十六条 申请人以外的同被申请行政复议的行政行为**或者行政复议案件处理结果**有利害关系的公民、法人或者其他组织，可以作为第三人**申请**参加行政复议，或者由行政复议机构通知其作为第三人参加行政复议。 第三人不参加行政复议，不影响行政复议案件的审理。	第十条第三款 同申请行政复议的**具体**行政行为有利害关系的**其他**公民、法人或其他组织，可以作为第三人参加行政复议。

第三人作为行政复议参加人，其申请参加行政复议有利于行政争议的集中解决和矛盾纠纷的及时化解。本条修改参考了行政诉讼法、民事诉讼法和本法实施条例的有关表述。

第十七条 【委托代理人】

第十七条　申请人、第三人可以委托一至二名律师、基层法律服务工作者或者其他代理人代为参加行政复议。 申请人、第三人委托代理人的，应当向行政复议机构提交授权委托书、委托人及被委托人的身份证明文件。授权委托书应当载明委托事项、权限和期限。申请人、第三人变更或者解除代理人权限的，应当书面告知行政复议机构。	第十条第五款　申请人、第三人可以委托代理人代为参加行政复议。

1. 申请人、第三人可以委托代理人的人员范围，与民事诉讼法、行政诉讼法的规定有所不同，相对而言更加灵活，可在本法实施条例中作进一步规定。

2. 因委托代理人在代理过程中需要行使申请人、第三人的有关权利，所以应当以授权委托书的形式载明委托事项、权限和期限，变更或者解除代理人权限的，应当书面告知行政复议机构，这样规定有利于行政复议机关掌握情况，维护申请人和第三人的合法权益。

第十八条 【法律援助】

第十八条　符合法律援助条件的行政复议申请人申请法律援助的，法律援助机构应当依法为其提供法律援助。	新增条文

1. 法律援助，是国家建立的为经济困难公民和符合法定条件的其他当事人无偿提供法律咨询、代理、刑事辩护等法律服务的制度，是公共法律服务体系的组成部分。

2. 符合法律援助条件是指申请人因经济困难没有委托代理人，并涉及请求国家赔偿、社会保险待遇或者社会救助等情形。

3. 法律援助机构负责组织实施法律援助工作，受理、审查法律援助申请，指派律师、基层法律服务工作者、法律援助志愿者等法律援助人员提供法律援助、支付法律援助补贴。

第十九条 【被申请人】

第十九条 公民、法人或者其他组织对行政行为不服申请行政复议的，作出行政行为的行政机关或者法律、法规、规章授权的组织是被申请人。 两个以上行政机关以共同的名义作出同一行政行为的，共同作出行政行为的行政机关是被申请人。 行政机关委托的组织作出行政行为的，委托的行政机关是被申请人。 作出行政行为的行政机关被撤销或者职权变更的，继续行使其职权的行政机关是被申请人。	第十条第四款 公民、法人或者其他组织对~~行政机关的具体~~行政行为不服申请行政复议的，作出~~具体~~行政行为的行政机关是被申请人。 第十五条第一款第四项、第五项 ~~对本法第十三条、第十三条、第十四条规定以外的其他行政机关、组织的具体行政行为不服的，按照下列规定申请行政复议：~~ ~~（四）~~对两个或者两个以上行政机关以共同的名义作出~~的具体~~行政行为~~不服~~的，向其共同~~上一~~级行政机关申请~~行政复议；~~ ~~（五）对被撤销的行政机关在撤销前所作出的具体行政行为不服的，~~向继续行使其职权的行政机关~~的上一级行政机关~~申请~~行政复议。~~

25

明确被申请人的确定规则，有利于申请人更加准确地申请行政复议，也有利于在审理过程确定相关的权利义务关系，更好地解决行政争议。

第三节　申请的提出

第二十条　【申请期限】

第二十条　公民、法人或者其他组织认为行政行为侵犯其合法权益的，可以自知道或者应当知道该行政行为之日起六十日内提出行政复议申请；但是法律规定的申请期限超过六十日的除外。 因不可抗力或者其他正当理由耽误法定申请期限的，申请期限自障碍消除之日起继续计算。 行政机关作出行政行为时，未告知公民、法人或者其他组织申请行政复议的权利、行政复议机关和申请期限的，申请期限自公民、法人或者其他组织知道或者应当知道申请行政复议的权利、行政复议机关和申请期限之日起计算，但是自知道或者应当知道行政行为内容之日起最长不得超过一年。	第九条　公民、法人或者其他组织认为~~具体~~行政行为侵犯其合法权益的，可以自知道该~~具体~~行政行为之日起六十日内提出行政复议申请；但是法律规定的申请期限超过六十日的除外。 因不可抗力或者其他正当理由耽误法定申请期限的，申请期限自障碍消除之日起继续计算。

1. "六十日"是一般情况下的申请期限，如果其他法律规定了更长的期限，从其规定。

2. "因正当理由耽误法定申请期限",要做有利于当事人的解释和适用。

3. 针对不作为的行政复议案件的申请期限起算点,可由本法实施条例作出具体规定。

4. 在未告知当事人行政复议权利等情况下,申请期限起算点可以延后,但有最长时间限制,即"自知道或者应当知道行政行为内容之日起最长不得超过一年"。

第二十一条 【不动产行政复议申请期限】

第二十一条 因不动产提出的行政复议申请自行政行为作出之日起超过二十年,其他行政复议申请自行政行为作出之日起超过五年的,行政复议机关不予受理。	新增条文

本条是此次修订新增内容,与《行政诉讼法》第四十六条第二款保持衔接,实践中"因不动产提起的行政诉讼"通常是指因行政行为导致不动产物权变动而提起的诉讼。

第二十二条 【申请形式】

第二十二条 申请人申请行政复议,可以书面申请;书面申请有困难的,也可以口头申请。 书面申请的,可以通过邮寄或者行政复议机关指定的互联网渠道等方式提交行政复议申请书,也可以当面提交行政复议申请书。行政机关通过互联网渠道送达行政行为决定书的,应当同时提供提交行政复议申请书的互联网渠道。	第十一条 申请人申请行政复议,可以书面申请;也可以口头申请;口头申请的,行政复议机关应当当场记录申请人的基本情况、行政复议请求、申请行政复议的主要事实、理由和时间。

27

口头申请的，行政复议机关应当当场记录申请人的基本情况、行政复议请求、申请行政复议的主要事实、理由和时间。

申请人对两个以上行政行为不服的，应当分别申请行政复议。

1. 考虑到公民文化素质已经普遍较高，且为提高行政复议案件办理效率，及时解决行政争议，规定书面申请为原则，书面申请有困难的，也可以口头申请。

2. 本条规定了提交行政复议申请书的多种方式和渠道，旨在最大限度便利当事人提出申请。

3. 为提高申请效率，并保障当事人利用现代信息技术申请行政复议，创制性规定了行政机关通过互联网渠道送达行政行为决定书的，应当同时提供提交行政复议申请书的互联网渠道。此处提供互联网渠道可以是直接开设，也可以是提供相关链接等形式。

第二十三条 【行政复议前置】

第二十三条 有下列情形之一的，申请人**应当先向行政复议机关**申请行政复议，对行政复议决定不服的，可以**再依法向人民法院提起行政诉讼**：

（一）对当场作出的行政处罚决定不服；

（二）对行政机关作出的侵犯其已经依法取得的自然资源的所有权或者使用权的**决定不服**；

（三）认为行政机关存在本法第十一条规定的未履行法定职责情形；

（四）申请政府信息公开，行政机关不予公开；

第三十条 ~~公民、法人或者其他组织认为~~行政机关的~~具体行政行为~~侵犯其已经依法取得的~~土地、矿藏、水流、森林、山岭、草原、荒地、滩涂、海域等~~自然资源的所有权或者使用权的~~,~~应当先申请行政复议~~;~~对行政复议决定不服的，可以依法向人民法院提起行政诉讼~~。~~

~~根据国务院或者省、自治区、直辖市人民政府对行政区划的勘定、调整或者征收土地的决定，省、自治区、直辖市人民政府确认土地、矿藏、水流、森林、山岭、~~

28

（五）法律、行政法规规定应当先向行政复议机关申请行政复议的其他情形。 对前款规定的情形，行政机关在作出行政行为时应当告知公民、法人或者其他组织先向行政复议机关申请行政复议。	~~草原、荒地、滩涂、海域等自然资源的所有权或者使用权的行政复议决定为最终裁决。~~

1. 此次修改新增三类行政复议前置情形，即对当场作出的行政处罚决定不服、认为行政机关未依法履行法定职责、申请政府信息公开但行政机关不予公开的情形。

2. 将行政复议前置其他情形的设定权限由"法律、法规"修改为"法律、行政法规"，主要考虑到行政复议前置直接涉及申请人提起诉讼的权利，宜由普遍适用于全国的法律、行政法规统一规定。关于与行政诉讼法相关表述的衔接问题，按照后法优于先法的法律适用规则处理。

3. 为保证申请人申请复议和提起诉讼的有关权利，此次修法增加了第二款内容，防止申请人因不及时申请行政复议，超过行政复议期限而丧失提起诉讼权利的情况发生。

4. 删去原第三十条第二款，对省级人民政府此类行政复议案件的处理，按照修订后本法的有关规定执行。

第四节　行政复议管辖

第二十四条　【县级以上地方人民政府管辖】

第二十四条　县级以上地方各级人民政府管辖下列行政复议案件： （一）对本级人民政府工作部门作出的行政行为不服的； （二）对下一级人民政府作出的行政行为不服的；	第十二条第一款　对~~县级以上~~地方各级人民政府工作部门的**具体**行政行为不服的~~，由申请人选择，可以~~向该部门的本级人民政府申请行政复议~~，也可以向上一级主管部门申请行政复议~~。

(三）对本级人民政府依法设立的派出机关作出的行政行为不服的；

（四）对本级人民政府或者其工作部门管理的法律、法规、规章授权的组织作出的行政行为不服的。

除前款规定外，省、自治区、直辖市人民政府同时管辖对本机关作出的行政行为不服的行政复议案件。

省、自治区人民政府依法设立的派出机关参照设区的市级人民政府的职责权限，管辖相关行政复议案件。

对县级以上地方各级人民政府工作部门依法设立的派出机构依照法律、法规、规章规定，以派出机构的名义作出的行政行为不服的行政复议案件，由本级人民政府管辖；其中，对直辖市、设区的市人民政府工作部门按照行政区划设立的派出机构作出的行政行为不服的，也可以由其所在地的人民政府管辖。

第十三条　对~~地方各级~~人民政府~~的具体~~行政行为不服的~~，向上一级地方人民政府申请行政复议~~。

对省、自治区人民政府依法设立的派出机关~~所属的县级地方人民政府的具体~~行政行为不服的~~，向该派出机关申请行政复议~~。

第十四条　对国务院部门或者省、自治区、直辖市人民政府的~~具体~~行政行为不服的~~，向作出该具体行政行为的国务院部门或者省、自治区、直辖市人民政府申请行政复议。对行政复议决定不服的，可以向人民法院提起行政诉讼；也可以向国务院申请裁决，国务院依照本法的规定作出最终裁决~~。

第十五条第一款第一项、第二项、第三项　对本法第十三条~~第十三条~~、第十四条规定以外的其他行政机关、组织的具体行政行为不服的，按照下列规定申请行政复议：

~~(一)~~ 对县级以~~上~~地方人民政府依法设立的派出机关的~~具体~~行政行为不服的~~，向设立该派出机关的人民政府申请行政复议~~；

~~(二)~~ 对政府工作部门依法设立的派出机构依照法律、法规或者规章规定，以自己的名义作出的~~具体~~行政行为不服的~~，向设立该派出机构的部门或者该部门的本级地方人民政府申请行政复议~~；

30

	(三) 对法律、法规授权的组织的~~具体~~行政行为不服的~~，分别向直接管理该组织的地方人民政府、地方人民政府工作部门或者国务院部门申请行政复议~~；
	~~第十五条第二款　有前款所列情形之一的，申请人也可以向具体行政行为发生地的县级地方人民政府提出行政复议申请，由接受申请的县级地方人民政府依照本法第十八条的规定办理~~。

　　1. 管辖总原则是县级以上地方人民政府统一管辖以本级人民政府工作部门、下一级人民政府、本级人民政府派出机构以及有关法律、法规、规章授权的组织为被申请人的行政复议案件，并以本级人民政府名义作出行政复议决定。

　　2. 省、自治区、直辖市人民政府实行"原级复议"，即对其自身作出的行政行为不服的行政复议案件进行管辖。

　　3. 考虑到公安机关等按照行政区划在市辖区设立的分局作出的行政行为数量较多，不宜一律由市级人民政府管辖，本条第四款作了例外规定，规定有关行政复议案件也可以由派出机构所在地的人民政府管辖。

第二十五条　【国务院部门管辖】

第二十五条　国务院部门管辖下列行政复议案件： （一）对**本部门**作出的行政行为不服的； （二）对**本部门**依法设立的派出机构依照法律、**行政法规**、部门规章规定，以派出机构的名义作出的行政行为不服的； （三）对**本部门**管理的法律、行政法规、部门规章授权的组织作出的行政行为不服的。	第十四条　对~~国务院~~部门或~~者省、自治区、直辖市人民政府~~的~~具体~~行政行为不服的~~，向作出该具体行政行为的国务院部门或者省、自治区、直辖市人民政府申请行政复议。对行政复议决定不服的，可以向人民法院提起行政诉讼；也可以向国务院申请裁决，国务院依照本法的规定作出最终裁决~~。

31

	第十五条第一款第二项、第三项 对本法第十二条、第十三条、第十四条规定以外的其他行政机关、组织的具体行政行为不服的，按照下列规定申请行政复议： （二）对政府工作部门依法设立的派出机构依照法律、法规或者规章规定，以自己的名义作出的具体行政行为不服的，向设立该派出机构的部门或者该部门的本级地方人民政府申请行政复议； （三）对法律、法规授权的组织具体行政行为不服的，分别向直接管理该组织的地方人民政府、地方人民政府工作部门或者国务院部门申请行政复议；

1. 国务院部门对其行政行为涉及的行政复议案件实行"原级复议"。
2. 国务院部门同时管辖对本部门、本部门依法设立的派出机构、管理的法律、行政法规、部门规章授权的组织作出的行政行为不服的行政复议案件。

第二十六条 【原级行政复议决定的救济途径】

第二十六条 对省、自治区、直辖市人民政府**依照本法第二十四条第二款的规定**、国务院部门**依照本法第二十五条第一项的规定**作出的行政复议决定不服的，可以向人民法院提起行政诉讼；也可以向国务院申请裁决，国务院依照本法的规定作出最终裁决。	第十四条 对国务院部门或者省、自治区、直辖市人民政府的具体行政行为不服的，向作出该具体行政行为的国务院部门或者省、自治区、直辖市人民政府申请行政复议。对行政复议决定不服的，可以向人民法院提起行政诉讼；也可以向国务院申请裁决，国务院依照本法的规定作出最终裁决。

对实行"原级复议"的省级人民政府、国务院部门行政复议行为的监督，既可以选择提请诉讼，也可以向国务院申请裁决。如果向国务院申请裁决，国务院作出的决定为最终裁决；对国务院作出的裁决不可以再申请行政复议。

第二十七条 【垂直领导行政机关等管辖】

第二十七条　对海关、金融、外汇管理等实行垂直领导的行政机关、**税务**和国家安全机关的行政行为不服的，向上一级主管部门申请行政复议。	第十二条第二款　对海关、金融、~~国税~~、外汇管理等实行垂直领导的行政机关和国家安全机关的~~具体~~行政行为不服的，向上一级主管部门申请行政复议。

　　本条规定的行政复议"条条管辖"是此次行政复议体制改革和法律修订保留的例外，主要包括三类：一是实行垂直领导的行政机关；二是实行双重领导的税务机关；三是国家安全机关。对这些机关的行政行为不服的，向上一级主管部门申请行政复议。

第二十八条 【司法行政部门的管辖】

第二十八条　对履行行政复议机构职责的地方人民政府司法行政部门的行政行为不服的，可以向本级人民政府申请行政复议，也可以向上一级司法行政部门申请行政复议。	新增条文

　　本条对履行行政复议机构职责的地方人民政府司法行政部门的行政行为不服的，赋予申请人选择权，既可以向本级人民政府申请行政复议，可以向上一级司法行政部门申请行政复议。

第二十九条 【行政复议和行政诉讼的选择】

第二十九条 公民、法人或者其他组织申请行政复议，行政复议机关已经依法受理的，在行政复议期间不得向人民法院提起行政诉讼。 公民、法人或者其他组织向人民法院提起行政诉讼，人民法院已经依法受理的，不得申请行政复议。	第十六条 公民、法人或者其他组织申请行政复议，行政复议机关已经依法受理的，~~或者法律、法规规定应当先向行政复议机关申请行政复议、对行政复议决定不服再向人民法院提起行政诉讼的~~，在~~法~~定行政复议期~~限内~~不得向人民法院提起行政诉讼。 公民、法人或者其他组织向人民法院提起行政诉讼，人民法院已经依法受理的，不得申请行政复议。

本条规定主要是为了避免多头复议和诉讼，提高纠纷处理效率，避免造成资源浪费和处理冲突。

第三章 行政复议受理

第三十条 【受理条件】

第三十条 行政复议机关收到行政复议申请后，应当在五日内进行审查。对符合下列规定的，行政复议机关应当予以受理： （一）有明确的申请人和符合本法规定的被申请人； （二）申请人与被申请行政复议的行政行为有利害关系； （三）有具体的行政复议请求和理由； （四）在法定申请期限内提出； （五）属于本法规定的行政复议范围； （六）属于本机关的管辖范围； （七）行政复议机关未受理过该申请人就同一行政行为提出的行政复议申请，并且人民法院未受理过该申请人就同一行政行为提起的行政诉讼。 对不符合前款规定的行政复议申请，行政复议机关应当在审查期限内决定不予受理并说明理由；不属于本机关管辖的，还应当在不予受理决定中告知申请人有管辖权的行政复议机关。	第十七条 行政复议机关收到行政复议申请后，应当在五日内进行审查，对不符合~~本法~~规定的行政复议申请，决定不予受理~~，并书面告知申请人~~；~~对符合本法规定，但是~~不属于本机关受理的~~行政复议申请~~，应当告知申请人~~向有关行政复议机关提出~~。 ~~除前款规定外，~~行政复议申请~~自行政复议机关负责法制工作的机构收到~~之日起~~即~~为受理。

35

行政复议申请的审查期限届满，行政复议机关未作出不予受理决定的，审查期限届满之日起视为受理。	
1. 关于受理审查期限，行政复议机关应在收到行政复议申请后五日内审查完毕，决定是否受理。 2. 新增规定明确行政复议受理条件，为申请人申请提供明确指引，方便行政复议机关规范、高效开展受理审查工作。 3. 进一步明确管辖机关选择错误和行政复议机关视为受理的情形，保障申请人行政复议申请权利。	
	~~第十八条 依照本法第十五条第三款的规定接受行政复议申请的县级地方人民政府，对依照本法第十五条第一款的规定属于其他行政复议机关受理的行政复议申请，应当自接到该行政复议申请之日起七日内，转送有关行政复议机关，并告知申请人。接受转送的行政复议机关应当依照本法第十七条的规定办理。~~

第三十一条 【申请材料补正】

第三十一条 行政复议申请材料不齐全或者表述不清楚，无法判断行政复议申请是否符合本法第三十条第一款规定的，行政复议机关应当自收到申请之日起五日内书面通知申请人补正。补正通知应当一次性载明需要补正的事项。	新增条文

申请人应当自收到补正通知之日起十日内提交补正材料。有正当理由不能按期补正的,行政复议机关可以延长合理的补正期限。无正当理由逾期不补正的,视为申请人放弃行政复议申请,并记录在案。

行政复议机关收到补正材料后,依照本法第三十条的规定处理。

新增材料补正规定,确保行政复议申请人补充证据材料的权利,有利于行政复议机关准确查明事实和作出处理决定。收到补正材料后,行政复议机关按照受理有关时限和程序进行审查。

第三十二条 【部分案件的复核处理】

第三十二条 对当场作出或者依据电子技术监控设备记录的违法事实作出的行政处罚决定不服申请行政复议的,可以通过作出行政处罚决定的行政机关提交行政复议申请。

行政机关收到行政复议申请后,应当及时处理;认为需要维持行政处罚决定的,应当自收到行政复议申请之日起五日内转送行政复议机关。

新增条文

1. 本条是此次修订新增内容。主要是针对当场作出或者依据电子技术监控设备记录的违法事实作出的行政处罚决定,此类案件常见多发且作出行政处罚时程序相对简单,由申请人选择可以通过原行政机关提交行政复议申请,给行政机关复核修正的机会,避免程序空转。

2. 行政机关收到行政复议申请，发现处罚决定有错误的，应当及时纠正；如果认为处罚决定事实清楚，证据充分，适用依据正确，应当在五日内转送行政复议机关，由行政复议机关按照行政复议受理审查程序办理。

第三十三条 【程序性驳回】

第三十三条 行政复议机关受理行政复议申请后，发现该行政复议申请不符合本法第三十条第一款规定的，应当决定驳回申请并说明理由。	新增条文

新增程序性驳回规定，作出决定的时间点在受理行政复议申请后，主要原因是不符合受理条件，行政复议机关在决定驳回申请时应当向申请人说明理由。

第三十四条 【复议前置等情形的诉讼衔接】

第三十四条 法律、**行政法**规规定应当先向行政复议机关申请行政复议、对行政复议决定不服再向人民法院提起行政诉讼的，行政复议机关决定不予受理、**驳回申请**或者受理后超过行政复议期限不作答复的，公民、法人或者其他组织可以自收到决定书之日起或者行政复议期**限届**满之日起十五日内，依法向人民法院提起行政诉讼。	第十九条 法律、法规规定应当先向行政复议机关申请行政复议、对行政复议决定不服再向人民法院提起行政诉讼的，行政复议机关决定不予受理或者受理后超过行政复议期限不作答复的，公民、法人或者其他组织可以自收到~~不予受理~~决定书之日起或者行政复议期满之日起十五日内，依法向人民法院提起行政诉讼。

1. 本条是行政复议特殊情形与行政诉讼的衔接，主要包括四类：一是行政复议前置案件；二是行政复议机关决定不予受理；三是行政复议机关程序性驳回；四是行政复议机关受理后超过行政复议期限不作答复。

2. 上述情形对向法院提起行政诉讼的时限有特殊要求，即自收到决定书之日起或者行政复议期限届满之日起十五日内。

第三十五条　【对行政复议受理的监督】

第三十五条　公民、法人或者其他组织依法提出行政复议申请，行政复议机关无正当理由**不予受理、驳回申请或者受理后超过行政复议期限不作答复的**，**申请人有权向上级行政机关反映**，上级行政机关应当责令其**纠正**；必要时，上级行政**复议**机关可以直接受理。	第二十条　公民、法人或者其他组织依法提出行政复议申请，行政复议机关无正当理由不予受理的，上级行政机关应当责令其**受理**；必要时，上级行政机关也可以直接受理。

1. 本条是对行政复议受理有关行为监督的规定，主要针对无正当理由不予受理、驳回申请或者受理后超过行政复议期限不作答复的情形，确保申请人的程序性权利。

2. 监督的形式有两种：一是上级行政机关应当责令其纠正，这里的上级行政机关不限于行政复议机关；二是上级行政复议机关也可以直接受理，即"提级受理"，确保受理环节的公正审查。

第四章 行政复议审理

第一节 一般规定

第三十六条 【审理程序及要求】

第三十六条　行政复议机关受理行政复议申请后，依照本法适用普通程序或者简易程序进行审理。行政复议机构应当指定行政复议人员负责办理行政复议案件。 　行政复议人员对办理行政复议案件过程中知悉的国家秘密、商业秘密和个人隐私，应当予以保密。	新增条文

　1. 行政复议审理程序分为两类，一是普通程序，二是简易程序。
　2. 行政复议机关应当指定符合条件的行政复议人员办理行政案件，实行专人办理、专人负责。
　3. 行政复议人员办理行政复议案件应当遵守相关的保密规定。

第三十七条 【审理依据】

第三十七条　行政复议机关依照法律、法规、规章审理行政复议案件。 　行政复议机关审理民族自治地方的行政复议案件，同时依照该民族自治地方的自治条例和单行条例。	新增条文

> 本条是关于行政复议案件审理依据的规定，主要包括法律、行政法规、地方性法规、部门规章和地方政府规章。

第三十八条 【提级审理】

第三十八条 上级行政复议机关根据需要，可以审理下级行政复议机关管辖的行政复议案件。 下级行政复议机关对其管辖的行政复议案件，认为需要由上级行政复议机关审理的，可以报请上级行政复议机关决定。	新增条文

1. 参考行政诉讼提级管辖的规定，赋予上级行政复议机关审理下级行政复议机关管辖案件的权力，有利于案件公正审理。
2. 下级行政复议机关报请上级行政复议机关决定的行政复议案件，由上级行政复议机关决定是否提级审理。

第三十九条 【中止情形】

第三十九条 行政复议期间有下列情形之一的，行政复议中止： （一）作为申请人的公民死亡，其近亲属尚未确定是否参加行政复议； （二）作为申请人的公民丧失参加行政复议的行为能力，尚未确定法定代理人参加行政复议； （三）作为申请人的公民下落不明；	新增条文

41

（四）作为申请人的法人或者其他组织终止，尚未确定权利义务承受人；

　（五）申请人、被申请人因不可抗力或者其他正当理由，不能参加行政复议；

　（六）依照本法规定进行调解、和解，申请人和被申请人同意中止；

　（七）行政复议案件涉及的法律适用问题需要有权机关作出解释或者确认；

　（八）行政复议案件审理需要以其他案件的审理结果为依据，而其他案件尚未审结；

　（九）有本法第五十六条或者第五十七条规定的情形；

　（十）需要中止行政复议的其他情形。

　行政复议中止的原因消除后，应当及时恢复行政复议案件的审理。

　行政复议机关中止、恢复行政复议案件的审理，应当书面告知当事人。

---

　1. 行政复议中止审理制度，是为了更好确定申请人、查明案件事实、确定审理依据，为调解和当事人和解留出必要时间等。

　2. 行政复议中止的原因消除后，应当及时恢复行政复议案件的审理，行政复议审理期限继续计算。

　3. 中止、恢复行政复议案件的审理，应当书面告知当事人，确保当事人的知情权，为后续行使相关权利做好合理时间安排。

第四十条 【对无正当理由中止的监督】

第四十条 行政复议期间，行政复议机关无正当理由中止行政复议的，上级行政机关应当责令其恢复审理。	新增条文

本条是对行政复议机关无正当理由中止行政复议案件审理监督的规定，旨在防止案件久拖不决。

第四十一条 【终止情形】

第四十一条 行政复议期间有下列情形之一的，行政复议机关决定终止行政复议： （一）申请人撤回行政复议申请，行政复议机构准予撤回； （二）作为申请人的公民死亡，没有近亲属或者其近亲属放弃行政复议权利； （三）作为申请人的法人或者其他组织终止，没有权利义务承受人或者其权利义务承受人放弃行政复议权利； （四）申请人对行政拘留或者限制人身自由的行政强制措施不服申请行政复议后，因同一违法行为涉嫌犯罪，被采取刑事强制措施； （五）依照本法第三十九条第一款第一项、第二项、第四项的规定中止行政复议满六十日，行政复议中止的原因仍未消除。	第二十五条 ~~行政复议决定作出前，~~申请人~~要求~~撤回行政复议申请~~的，经说明理由，可以撤回；撤回行政复议申请的，~~行政复议终止~~。~~

43

1. 终止行政复议涉及申请人重大利益，必须满足相应的条件，履行相应的审批程序。

2. 申请人的公民死亡、其近亲属尚未确定是否参加行政复议；丧失参加行政复议的行为能力；尚未确定法定代理人参加行政复议；以及作为申请人的法人或者其他组织终止尚未确定权利义务承受人的三种中止情形，需要满六十日行政复议中止的原因仍未消除，方可终止案件审理。

第四十二条 【行政行为停止执行情形】

| 第四十二条 行政复议期间行政行为不停止执行；但是有下列情形之一的，应当停止执行：
（一）被申请人认为需要停止执行；
（二）行政复议机关认为需要停止执行；
（三）申请人、**第三人**申请停止执行，行政复议机关认为其要求合理，决定停止执行；
（四）法律、**法规、规章**规定停止执行**的其他情形**。 | 第二十一条 行政复议期间~~具体~~行政行为不停止执行；但是~~，~~有下列情形之一的，~~可以~~停止执行：
（一）被申请人认为需要停止执行~~的~~；
（二）行政复议机关认为需要停止执行~~的~~；
（三）申请人申请停止执行，行政复议机关认为其要求合理，决定停止执行~~的~~；
（四）法律规定停止执行~~的~~。 |

1. 行政复议期间行政行为不停止执行，是行政效率原则的要求，与行政诉讼法的规定保持一致。

2. 特殊情况应当停止执行，需要符合列举的三种情形，或者属于法律、法规、规章规定停止执行的其他情形。

第二节 行政复议证据

第四十三条 【行政复议证据种类】

第四十三条 行政复议证据包括： （一）书证； （二）物证； （三）视听资料； （四）电子数据； （五）证人证言； （六）当事人的陈述； （七）鉴定意见； （八）勘验笔录、现场笔录。 以上证据经行政复议机构审查属实，才能作为认定行政复议案件事实的根据。	新增条文
本条是关于行政复议证据种类和审查要求的规定，与行政诉讼法的规定保持一致，有利于行政复议案件与行政诉讼案件证据审查的衔接。	

第四十四条 【举证责任分配】

第四十四条 被申请人对其作出的行政行为的合法性、适当性负有举证责任。 有下列情形之一的，申请人应当提供证据： （一）认为被申请人不履行法定职责的，提供曾经要求被申请人履行法定职责的证据，但是被申请人应当依职权主动履行法定职责或者申请人因正当理由不能提供的除外；	

45

（二）提出行政赔偿请求的，提供受行政行为侵害而造成损害的证据，但是因被申请人原因导致申请人无法举证的，由被申请人承担举证责任； （三）法律、法规规定需要申请人提供证据的其他情形。	新增条文

  1. 关于举证责任倒置。按照审查受理条件，申请人申请行政复议时提出具体的行政复议请求和理由，被申请人对其作出的行政行为的合法性、适当性负有举证责任。
  2. 特殊情况下申请人负有相应的举证责任，主要包括曾经要求被申请人履行法定职责的证据、受行政行为侵害而造成损害的证据以及法律、法规规定需要申请人提供证据的其他情形，这些证据主要是为了证明被申请人违法行为的存在及其后果。

第四十五条 【行政复议机关调查取证】

第四十五条 行政复议机关有权向有关单位和个人调查取证，查阅、复制、调取有关文件和资料，向有关人员进行询问。
  调查取证时，行政复议人员不得少于两人，并应当出示行政复议工作证件。
  被调查取证的单位和个人应当积极配合行政复议人员的工作，不得拒绝或者阻挠。
	新增条文

  1. 调查取证是行政复议案件办理过程中的重要环节，有利于查清事实。
  2. 本条内容在行政复议法实施条例中已有规定，制度实践已经比较成熟。

第四十六条 【被申请人收集和补充证据限制】

第四十六条 行政复议期间，被申请人不得自行向申请人和其他有关单位或者个人收集证据；自行收集的证据不作为认定行政行为合法性、适当性的依据。 　　行政复议期间，申请人或者第三人提出被申请行政复议的行政行为作出时没有提出的理由或者证据的，经行政复议机构同意，被申请人可以补充证据。	第二十四条 在行政复议过程中，被申请人不得自行向申请人和其他有关组织或者个人收集证据。

　　1. 行政复议期间，被申请人不得自行收集证据，这是行政复议举证的基本原则。
　　2. 被申请人补充证据，有两个前提：一是申请人、第三人提出了新的证据；二是经行政复议机构同意。

第四十七条 【申请人等查阅、复制权利】

第四十七条 行政复议期间，申请人、第三人及其委托代理人可以按照规定查阅、复制被申请人提出的书面答复、作出行政行为的证据、依据和其他有关材料，除涉及国家秘密、商业秘密、个人隐私或者可能危及国家安全、公共安全、社会稳定的情形外，行政复议机构应当同意。	第二十三条第二款 申请人、第三人可以查阅被申请人提出的书面答复、作出具体行政行为的证据、依据和其他有关材料，除涉及国家秘密、商业秘密或者个人隐私外，行政复议机关不得拒绝。

　　1. 关于有权查阅的主体，此次修订新增加了申请人、第三人的委托代理人。
　　2. 关于查阅、复制内容的例外情形，此次修订新增加了"可能危及国家安全、公共安全、社会稳定的情形"，主要考虑与政府信息公开条例的有关规定做好衔接。

第三节 普通程序

第四十八条 【被申请人书面答复】

第四十八条 行政复议机构应当自行政复议申请受理之日起七日内,将行政复议申请书副本或者行政复议申请笔录复印件发送被申请人。被申请人应当自收到**行政复议**申请书副本或者**行政复议**申请笔录复印件之日起十日内,提出书面答复,并提交作出行政行为的证据、依据和其他有关材料。	第二十三条第一款 行政复议~~机关负责法制工作的~~机构应当自行政复议申请受理之日起七日内,将行政复议申请书副本或者行政复议申请笔录复印件发送被申请人。被申请人应当自收到申请书副本或者申请笔录复印件之日起十日内,提出书面答复,并提交当~~初~~作出~~具体~~行政行为的证据、依据和其他有关材料。
本条内容此次修订未作大的调整,主要包括两个方面的内容:一是行政复议机构受理行政复议后将有关申请材料发送被申请人;二是被申请人应在限期内提出书面答复并提交有关材料。结合此次修订后的第八十八条的规定,十日由原来的自然日修改为"工作日",延长了被申请人提出书面答复的时限。	

第四十九条 【听取意见程序】

第四十九条 适用普通程序审理的行政复议案件,行政复议机构应当当面或者通过互联网、电话等方式听取当事人的意见,并将听取的意见记录在案。因当事人原因不能听取意见的,可以书面审理。	第二十二条 行政复议~~原则上采取~~书面~~审查的办法,但是申请人提出要求或者行政复议机关负责法制工作的机构认为有必要时,可以向有关组织和人员调查情况,~~听取~~申请人、被申请人和第三人~~的意见。

48

1. 本条规定了普通程序审理行政复议案件的基本程序,由修订前的"书面审查"为原则,修改为以听取意见为原则、书面审理为例外。
　　2. 听取意见的方式,明确为当面或者通过互联网、电话等方式,由行政复议机构结合实际情况灵活掌握。

第五十条　【听证情形和人员组成】

第五十条　审理重大、疑难、复杂的行政复议案件,行政复议机构应当组织听证。 　　行政复议机构认为有必要听证,或者申请人请求听证的,行政复议机构可以组织听证。 　　听证由一名行政复议人员任主持人,两名以上行政复议人员任听证员,一名记录员制作听证笔录。	新增条文

　　1. 本条是此次修订新增内容,主要包括两方面内容:一是应当组织听证的案件;二是可以组织听证的情形。
　　2. 根据本法第七条规定,行政复议机关应当确保行政复议机构的人员配备与所承担的工作任务相适应。据此,各级行政复议机关应当配备相应人员,确保听证等工作的顺利开展。

第五十一条　【听证程序和要求】

第五十一条　行政复议机构组织听证的,应当于举行听证的五日前将听证的时间、地点和拟听证事项书面通知当事人。 　　申请人无正当理由拒不参加听证的,视为放弃听证权利。 　　被申请人的负责人应当参加听证。不能参加的,应当说明理由并委托相应的工作人员参加听证。	新增条文

49

1. 本条是此次修订新增内容，关于听证程序的基本规定，主要包括听证事项书面通知当事人，以及申请人和被申请人参加听证的要求。

2. 关于申请人无正当理由拒不参加听证的后果，修订草案规定"可以按照撤回行政复议申请处理"，有意见提出听证不宜因申请人不参与相关程序就剥夺其申请复议的权利，因此修改为"视为放弃听证权利"。

3. 关于被申请人的负责人参加听证的要求，如果负责人不能参加听证，一是应当说明理由，二是应当委托相应的工作人员参加。

第五十二条 【行政复议委员会组成和职责】

第五十二条 县级以上各级人民政府应当建立相关政府部门、专家、学者等参与的行政复议委员会，为办理行政复议案件提供咨询意见，并就行政复议工作中的重大事项和共性问题研究提出意见。行政复议委员会的组成和开展工作的具体办法，由国务院行政复议机构制定。 审理行政复议案件涉及下列情形之一的，行政复议机构应当提请行政复议委员会提出咨询意见： （一）案情重大、疑难、复杂； （二）专业性、技术性较强； （三）本法第二十四条第二款规定的行政复议案件； （四）行政复议机构认为有必要。 行政复议机构应当记录行政复议委员会的咨询意见。	新增条文

本条是此次修订新增内容，主要包括以下内容：

1. 行政复议委员会的建立，责任主体是县级以上各级人民政府；人员构成是相关政府部门、专家、学者等，范围比较宽泛，保证委员来源的多样性和专业化。

2. 行政复议委员会的职责：一是为办理行政复议案件提供咨询意见；二是就行政复议工作中的重大事项和共性问题研究提出意见。

3. 行政复议机构应当提请行政复议委员会提出咨询意见的情形，其中包括省级人民政府"原级复议"的案件，该类案件由行政复议委员会提出咨询意见有利于确保案件的公正审理。

4. 行政复议法修改过程中，在二审后根据各方面意见增加授权条款，即本条第一款中的"行政复议委员会的组成和开展工作的具体办法，该类案件由国务院行政复议机构制定"，为有关部门制定相关规范提供法律依据。

第四节　简易程序

第五十三条　【简易程序适用情形】

第五十三条　行政复议机关审理下列行政复议案件，认为事实清楚、权利义务关系明确、争议不大的，可以适用简易程序： （一）被申请行政复议的行政行为是当场作出； （二）被申请行政复议的行政行为是警告或者通报批评； （三）案件涉及款额三千元以下； （四）属于政府信息公开案件。 除前款规定以外的行政复议案件，当事人各方同意适用简易程序的，可以适用简易程序。	新增条文

51

1. 简易程序是此次修订新增的重点内容。
2. 适用简易程序审理案件的基本前提，是行政复议机关"认为事实清楚、权利义务关系明确、争议不大"。
3. 本条列举了四类行政复议案件，从不同角度作出规定，有利于当事人理解和行政复议机关具体适用。
4. 按照本条第二款规定，若当事人各方同意适用简易程序的，可以适用简易程序，不受第一款列举范围的限制。

第五十四条 【简易程序书面答复】

第五十四条 适用简易程序审理的行政复议案件，行政复议机构应当自受理行政复议申请之日起三日内，将行政复议申请书副本或者行政复议申请笔录复印件发送被申请人。被申请人应当自收到行政复议申请书副本或者行政复议申请笔录复印件之日起五日内，提出书面答复，并提交作出行政行为的证据、依据和其他有关材料。 适用简易程序审理的行政复议案件，可以书面审理。	新增条文

简易程序与普通程序最主要的区别在以下两个方面：
1. 行政复议机构向被申请人发送行政复议申请材料的时间为三日，被申请人提出书面答复的时间为五日，比普通程序规定的"七日""十日"要短，体现高效快捷处理案件的要求。
2. 可以书面审理，不用遵守普通程序中听取意见、听证和提请行政复议委员会提出咨询意见等要求。

第五十五条　【简易程序向普通程序转换】

第五十五条　适用简易程序审理的行政复议案件，行政复议机构认为不宜适用简易程序的，经行政复议机构的负责人批准，可以转为普通程序审理。	新增条文

　　本条规定了简易程序向普通程序转化的机制：一是由行政复议机构判断，认为不宜适用简易程序；二是经行政复议机构的负责人批准，批准层级相对较低。

第五节　行政复议附带审查

第五十六条　【规范性文件审查处理】

第五十六条　申请人依照本法第十三条的规定提出对**有关规范性文件**的**附带**审查申请，行政复议机关有权处理的，应当在三十日内依法处理；无权处理的，应当在七日内转送有权处理的行政机关依法处理。	第二十六条　申请人~~在申请行政复议时，一~~并提出对本法第~~七条所列~~有关规定的审查申请~~的~~，行政复议机关~~对该规定~~有权处理的，应当在三十日内依法处理；无权处理的，应当在七日内~~按照法定~~程序转送有权处理的行政机关依法处理~~，有权处理的行政机关应当在六十日内依法处理。处理期间，中止对具体行政行为的审查~~。

　　本条规定了依申请开展的规范性文件附带审查处理机制：一是行政复议机关有权处理的，主要包括由其自身及下级行政机关制定的规范性文件等情形，应当在三十日内处理；二是无权处理的，应当在七日内转送有权处理的行政机关依法处理。

53

第五十七条 【行政行为依据审查处理】

第五十七条 行政复议机关在对被申请人作出的行政行为进行审查时，认为其依据不合法，本机关有权处理的，应当在三十日内依法处理；无权处理的，应当在七日内转送有权处理的国家机关依法处理。	第二十七条 行政复议机关在对被申请人作出的~~具体~~行政行为进行审查时，认为其依据不合法，本机关有权处理的，应当在三十日内依法处理；无权处理的，应当在七日内按照法定~~程序~~转送有权处理的国家机关依法处理。~~处理期间，中止对具体行政行为的审查。~~

本条规定了行政复议机关对行政行为审查发现依据不合法的主动附带审查处理机制，与依申请开展规范性文件审查的程序和时限要求基本相同。不同之处在于依据的范围要比规范性文件广，还包括法规规章等依据；转送的对象也不限于行政机关，还包括行政机关之外的有权处理的国家机关。

第五十八条 【附带审查处理程序】

第五十八条 行政复议机关依照本法第五十六条、第五十七条的规定有权处理有关规范性文件或者依据的，行政复议机构应当自行政复议中止之日起三日内，书面通知规范性文件或者依据的制定机关就相关条款的合法性提出书面答复。制定机关应当自收到书面通知之日起十日内提交书面答复及相关材料。 行政复议机构认为必要时，可以要求规范性文件或者依据的制定机关当面说明理由，制定机关应当配合。	新增条文

54

本条规定了行政复议机关对有权处理的规范性文件或者依据的审查程序，包括要求制定机关提出书面答复和当面说明理由。

第五十九条 【附带审查处理结果】

第五十九条 行政复议机关依照本法第五十六条、第五十七条的规定有权处理有关规范性文件或者依据，认为相关条款合法的，在行政复议决定书中一并告知；认为相关条款超越权限或者违反上位法的，决定停止该条款的执行，并责令制定机关予以纠正。	新增条文

本条规定了行政复议机关对有权处理的规范性文件或者依据的处理结果：一是认为条款合法在复议决定书中一并告知；二是认为条款超越权限或者违反上位法，决定停止执行并责令制定机关予以纠正，其中包括对规范性文件或者依据的有关内容进行修改。

第六十条 【接受转送机关的职责】

第六十条 依照本法第五十六条、第五十七条的规定接受转送的行政机关、国家机关应当自收到转送之日起六十日内，将处理意见回复转送的行政复议机关。	新增条文

本条规定了行政复议机关对于无权处理的有关规范性文件或者依据，接受转送的行政机关和国家机关的处理机制。

第五章 行政复议决定

第六十一条 【行政复议决定程序】

第六十一条 行政复议机关依照本法审理行政复议案件，由行政复议机构对行政行为进行审查，提出意见，经行政复议机关的负责人同意或者集体讨论通过后，以行政复议机关的名义作出行政复议决定。

经过听证的行政复议案件，行政复议机关应当根据听证笔录、审查认定的事实和证据，依照本法作出行政复议决定。

提请行政复议委员会提出咨询意见的行政复议案件，行政复议机关应当将咨询意见作为作出行政复议决定的重要参考依据。

第二十八条第一款 行政复议机关负责法制工作的机构应当对被申请人作出的具体行政行为进行审查，提出意见，经行政复议机关的负责人同意或者集体讨论通过后，按照下列规定作出行政复议决定：

（一）具体行政行为认定事实清楚，证据确凿，适用依据正确，程序合法，内容适当的，决定维持；

（二）被申请人不履行法定职责的，决定其在一定期限内履行；

（三）具体行政行为有下列情形之一的，决定撤销、变更或者确认该具体行政行为违法；决定撤销或者确认该具体行政行为违法的，可以责令被申请人在一定期限内重新作出具体行政行为：

1. 主要事实不清、证据不足的；
2. 适用依据错误的；
3. 违反法定程序的；
4. 超越或者滥用职权的；
5. 具体行政行为明显不当的。

	(四)被申请人不按照本法第三十三条的规定提出书面答复，提交当初作出具体行政行为的证据、依据和其他有关材料的，视为该具体行政行为没有证据、依据，决定撤销该具体行政行为。

1. 行政复议决定的作出需要履行相应的程序，包括三方面要求：一是由行政复议机构审查并提出意见；二是经行政复议机关的负责人同意或者集体讨论通过；三是以行政复议机关的名义作出决定。
2. 行政复议决定的两类重要依据：一是听证笔录，这是经听证行政复议案件审查的重要依据之一；二是行政复议委员会的咨询意见，这是作出行政复议决定的重要参考依据。

第六十二条　【行政复议审理期限】

第六十二条　适用普通程序审理的行政复议案件，行政复议机关应当自受理申请之日起六十日内作出行政复议决定；但是法律规定的行政复议期限少于六十日的除外。情况复杂，不能在规定期限内作出行政复议决定的，经行政复议机构的负责人批准，可以适当延长，并书面告知当事人；但是延长期限最多不得超过三十日。 适用简易程序审理的行政复议案件，行政复议机关应当自受理申请之日起三十日内作出行政复议决定。	第三十一条第一款　行政复议机关应当自受理申请之日起六十日内作出行政复议决定；但是法律规定的行政复议期限少于六十日的除外。情况复杂，不能在规定期限内作出行政复议决定的，经行政复议机关的负责人批准，可以适当延长，并告知申请人和被申请人；但是延长期限最多不超过三十日。

57

1. 此次修订对于普通程序的审理期限没有作出修改，即一般为六十日；情况复杂需要延长的，延长期限不能超过三十日。

2. 根据新增的简易程序一节的内容，本条规定了简易程序的审理期限为三十日，且没有规定延长机制。需要延长的应当转入普通程序进行审理。

第六十三条　【变更决定】

| 第六十三条　行政行为有下列情形之一的，**行政复议机关决定变更该行政行为**：
（一）事实清楚，证据确凿，适用依据正确，程序合法，但是内容不适当；
（二）事实清楚，证据确凿，程序合法，但是未正确适用依据；
（三）事实不清、证据不足，经行政复议机关查清事实和证据。
行政复议机关不得作出对申请人更为不利的变更决定，但是第三人提出相反请求的除外。 | 第二十八条第一款第三项
~~行政复议机关负责法制工作的机构应当对被申请人作出的具体行政行为进行审查，提出意见，经行政复议机关的负责人同意或者集体讨论通过后，按照下列规定作出行政复议决定：~~
~~（三）~~ 具体行政行为有下列情形之一的，决定~~撤销、~~变更或者确认该~~具体~~行政行为~~违法；决定撤销或者确认该具体行政行为违法的，可以责令被申请人在一定期限内重新作出具体行政行为~~：
~~1. 主要事实不清、证据不足的；~~
~~2. 适用依据错误的；~~
~~3. 违反法定程序的；~~
~~4. 超越或者滥用职权的；~~
~~5. 具体行政行为明显不当的。~~ |

本条是关于变更决定的适用情形，行政复议机关经过调查取证和审理后，对违法或者不当的行政行为应尽可能作出变更决定，促进行政争议的实质性化解。

第六十四条　【撤销或者部分撤销、责令重作】

第六十四条　行政行为有下列情形之一的，**行政复议机关决**定撤销**或者部分撤销**该行政行为，**并**可以责令被申请人在一定期限内重新作出行政行为： （一）主要事实不清、证据不足； （二）违反法定程序； （三）适用**的**依据**不**合法； （四）超越**职权**或者滥用职权。 行政复议机关责令被申请人重新作出行政行为的，被申请人不得以同一事实和理由作出与**被申请行政复议的**行政行为相同或者基本相同的行政行为，**但是行政复议机关以违反法定程序为由决定撤销或者部分撤销的除外。**	第二十八条第一款第三项 ~~行政复议机关负责法制工作的机构应当对被申请人作出的具体行政行为进行审查，提出意见，经行政复议机关的负责人同意或者集体讨论通过后，按照下列规定作出行政复议决定：~~ ~~（三）~~具体行政行为有下列情形之一的，决定撤销~~、变更或者确认该具体~~行政行为~~违法；决定撤销或者确认该具体行政行为违法~~的，可以责令被申请人在一定期限内重新作出~~具体~~行政行为： ~~1.~~主要事实不清、证据不足~~的~~； ~~2.~~适用依据错误~~的~~； ~~3.~~违反法定程序~~的~~； ~~4.~~超越或者滥用职权~~的~~； ~~5. 具体行政行为明显不当的。~~ 第二十八条第二款　行政复议机关责令被申请人重新作出~~具体~~行政行为的，被申请人不得以同一的事实和理由作出与~~原具体~~行政行为相同或者基本相同的~~具体~~行政行为。

　　本条是关于撤销或者部分撤销及责令重作行政行为的规定。此次修改新增加"部分撤销"，以及被申请人作出行政行为的具体要求，表述更加周延，便于实际操作。

59

第六十五条 【确认违法】

| 第六十五条　行政行为有下列情形之一的，**行政复议机关不撤销该行政行为，但是确认该行政行为违法：**
（一）依法应予撤销，但是撤销会给国家利益、社会公共利益造成重大损害；
（二）程序轻微违法，但是对申请人权利不产生实际影响。
行政行为有下列情形之一，不需要撤销或者责令履行的，行政复议机关确认该行政行为违法：
（一）行政行为违法，但是不具有可撤销内容；
（二）被申请人改变原违法行政行为，申请人仍要求撤销或者确认该行政行为违法；
（三）被申请人不履行或者拖延履行法定职责，责令履行没有意义。 | 第二十八条第一款第三项
<s>行政复议机关负责法制工作的机构应当对被申请人作出的具体行政行为进行审查，提出意见，经行政复议机关的负责人同意或者集体讨论通过后，按照下列规定作出行政复议决定：</s>
<s>（三）</s>具体行政行为有下列情形之一的，<s>决定撤销、变更或者</s>确认该具体行政行为违法<s>；决定撤销或者确认该具体行政行为违法的，可以责令被申请人在一定期限内重新作出具体行政行为：</s>
<s>1. 主要事实不清、证据不足的；</s>
<s>2. 适用依据错误的；</s>
<s>3. 违反法定程序的；</s>
<s>4. 超越或者滥用职权的；</s>
<s>5. 具体行政行为明显不当的。</s> |

> 本条规定了确认违法的两类情形，即考虑实际情况不撤销、不需要撤销以及无法实现撤销等情况。确认这些行为违法，要从法律上对其违法性质作出判断，是行政复议发挥监督和纠错功能的重要体现。

第六十六条 【责令履行】

| 第六十六条　被申请人不履行法定职责的，**行政复议机关决定被申请人在一定期限内履行。** | 第二十八条第一款第二项
<s>行政复议机关负责法制工作的机构应当对被申请人作出的具体行政行为进行审查，提出意见，经行政复议机关的负责人同意或者</s> |

	~~集体讨论通过后，按照下列规定作出行政复议决定：~~ ~~（三）~~被申请人不履行法定职责的，决定其在一定期限内履行；
责令履行包括责令被申请人履行保护人身权利、财产权利、受教育权利等合法权益的法定职责，以及依法给付抚恤金等情形。	

第六十七条　【确认无效】

第六十七条　行政行为有实施主体不具有行政主体资格或者没有依据等重大且明显违法情形，申请人申请确认行政行为无效的，行政复议机关确认该行政行为无效。	新增条文
确认无效的情形包括实施主体不具有行政主体资格、行政行为没有依据等重大且明显的违法行为，无效的行政行为自始不发生法律效力。	

第六十八条　【维持决定】

第六十八条　行政行为认定事实清楚，证据确凿，适用依据正确，程序合法，内容适当的，**行政复议机关**决定维持该行政行为。	第二十八条第一款第一项 ~~行政复议机关负责法制工作的机构应当对被申请人作出的具体行政行为进行审查，提出意见，经行政复议机关的负责人同意或者集体讨论通过后，按照下列规定作出行政复议决定：~~ ~~（一）具体~~行政行为认定事实清楚，证据确凿，适用依据正确，程序合法，内容适当的，决定维持；

61

> 维持决定的适用需要满足多个条件，即行政行为认定的事实清楚，证据确凿，适用依据正确，程序合法，内容适当。

第六十九条 【驳回行政复议请求】

第六十九条 行政复议机关受理申请人认为被申请人不履行法定职责的行政复议申请后，发现被申请人没有相应法定职责或者在受理前已经履行法定职责的，决定驳回申请人的行政复议请求。	新增条文

> 驳回行政复议请求主要适用于履职类行政复议案件，属于经过实体审查后作出的决定，要与本法第三十三条规定的程序性驳回行政复议申请作出区分。

第七十条 【被申请人不提交书面答复等情形的处理】

第七十条 被申请人不按照本法第四十八条、第五十四条的规定提出书面答复、提交作出行政行为的证据、依据和其他有关材料的，视为该行政行为没有证据、依据，行政复议机关决定撤销、部分撤销该行政行为，确认该行政行为违法、无效或者决定被申请人在一定期限内履行，但是行政行为涉及第三人合法权益，第三人提供证据的除外。	第二十八条第一款第四项 ~~行政复议机关负责法制工作的机构应当对被申请人作出的具体行政行为进行审查，提出意见，经行政复议机关的负责人同意或者集体讨论通过后，按照下列规定作出行政复议决定：~~ ~~(四)~~ 被申请人不按照本法第~~三十三~~条的规定提出书面答复、提交当~~初~~作出~~具体~~行政行为的证据、依据和其他有关材料的，视为该~~具体~~行政行为没有证据、依据，决定撤销该~~具体~~行政行为。

62

> 被申请人不按规定提出书面答复和提交证据等材料的，要承担不利后果，即其行政行为被视为没有证据、依据。行政复议机关根据没有证据、依据对案件审理的影响，依法作出纠错类的行政复议决定。

第七十一条 【行政协议案件处理】

第七十一条　被申请人不依法订立、不依法履行、未按照约定履行或者违法变更、解除行政协议的，行政复议机关决定被申请人承担依法订立、继续履行、采取补救措施或者赔偿损失等责任。 　　被申请人变更、解除行政协议合法，但是未依法给予补偿或者补偿不合理的，行政复议机关决定被申请人依法给予合理补偿。	新增条文

> 此次修法在行政复议范围新增了行政协议，因此在行政复议决定中相应增加针对行政协议的决定，决定的内容相对比较丰富，包括决定被申请人承担依法订立、继续履行、采取补救措施或者赔偿损失等责任。

第七十二条 【行政复议期间赔偿请求的处理】

第七十二条　申请人在申请行政复议时一并提出行政赔偿请求，行政复议机关对依照《中华人民共和国国家赔偿法》的有关规定应当不予赔偿的，在作出行政复议决定时，应当同时决定驳回行政赔偿请求；对符合《中华人民共和国国家赔偿法》的有关	第二十九条　申请人在申请行政复议时~~可以~~一并提出行政赔偿请求，行政复议机关对符合国家赔偿法的有关规定应当给予赔偿的，在决定撤销、变更~~具体~~行政行为或者确认~~具体~~行政行为违法时，应当同时决定被申请人依法给予赔偿。

63

规定应当给予赔偿的，在决定撤销**或者部分撤销**、变更行政行为或者确认行政行为违法、**无效**时，应当同时决定被申请人依法给予赔偿；**确认行政行为违法的，还可以同时责令被申请人采取补救措施**。 申请人在申请行政复议时没有提出行政赔偿请求的，行政复议机关在依法决定撤销或者**部分撤销**、变更罚款，撤销**或者部分撤销**违法集资、没收财物、征收**征用**、摊派费用以及对财产的查封、扣押、冻结等行政行为时，应当同时责令被申请人返还财产，解除对财产的查封、扣押、冻结措施，或者赔偿相应的价款。	申请人在申请行政复议时没有提出行政赔偿请求的，行政复议机关在依法决定撤销或者变更罚款，撤销违法集资、没收财物、征收~~财物~~、摊派费用以及对财产的查封、扣押、冻结等~~具体~~行政行为时，应当同时责令被申请人返还财产，解除对财产的查封、扣押、冻结措施，或者赔偿相应的价款。

> 本条规定的是对行政复议中提出行政赔偿请求以及没有提出行政赔偿请求的处理，行政复议机关可以根据是否提出请求依法作出相应的处理决定。

第七十三条 【行政复议调解处理】

第七十三条 当事人经调解达成协议的，行政复议机关应当制作行政复议调解书，经各方当事人签字或者签章，并加盖行政复议机关印章，即具有法律效力。 调解未达成协议或者调解书生效前一方反悔的，行政复议机关应当依法审查或者及时作出行政复议决定。	新增条文

此次修改在总则中增加了行政复议调解的适用及应当遵循的原则。本条规定了调解书的制作和生效程序，以及调解书未生效前一方当事人反悔后的处理程序。当事人不履行发生法律效力的行政复议调解书的，按照本法第七十七条、第七十八条的规定执行。

第七十四条 【行政复议和解处理】

第七十四条 当事人在行政复议决定作出前可以自愿达成和解，和解内容不得损害国家利益、社会公共利益和他人合法权益，不得违反法律、法规的强制性规定。 当事人达成和解后，由申请人向行政复议机构撤回行政复议申请。行政复议机构准予撤回行政复议申请、行政复议机关决定终止行政复议的，申请人不得再以同一事实和理由提出行政复议申请。但是，申请人能够证明撤回行政复议申请违背其真实意愿的除外。	新增条文

　　本条关于行政复议和解的规定是此次修订新增内容。行政复议和解要遵守相关的原则，不得违反强制性规定。和解的阶段是行政复议决定作出前。和解后终结案件审理的程序是，由申请人向行政复议机构撤回行政复议申请，行政复议机构准予撤回行政复议申请、行政复议机关决定终止行政复议。

第七十五条 【行政复议决定书】

第七十五条 行政复议机关作出行政复议决定,应当制作行政复议决定书,并加盖**行政复议机关**印章。 行政复议决定书一经送达,即发生法律效力。	第三十一条第二款、第三款 行政复议机关作出行政复议决定,应当制作行政复议决定书,并加盖印章。 行政复议决定书一经送达,即发生法律效力。

本条规定了行政复议决定书的制作和生效程序,当事人不履行发生法律效力的行政复议决定书的,按照本法第七十七条、第七十八条的规定执行。

第七十六条 【行政复议意见书】

第七十六条 行政复议机关在办理行政复议案件过程中,发现被申请人或者其他下级行政机关的有关行政行为违法或者不当的,可以向其制发行政复议意见书。有关机关应当自收到行政复议意见书之日起六十日内,将纠正相关违法或者不当行政行为的情况报送行政复议机关。	新增条文

此次修订新增行政复议意见书制度,主要是为强化行政复议的监督功能,及时纠正和处理有关违法的或者不当的行政行为,更好促进被申请人和其他下级行政机关依法行政。

第七十七条　【被申请人履行义务】

第七十七条　被申请人应当履行行政复议决定书、调解书、意见书。 　　被申请人不履行或者无正当理由拖延履行行政复议决定书、调解书、意见书的，行政复议机关或者有关上级行政机关应当责令其限期履行，并可以约谈被申请人的有关负责人或者予以通报批评。	第三十二条　被申请人应当履行行政复议决定。 　　被申请人不履行或者无正当理由拖延履行行政复议决定的，行政复议机关或者有关上级行政机关应当责令其限期履行。

　　1. 新增被申请人对行政复议调解书、意见书的履行义务。
　　2. 新增行政复议机关或者有关上级行政机关的监督措施，即可以约谈被申请人的有关负责人或者予以通报批评。

第七十八条　【行政复议决定书、调解书的强制执行】

第七十八条　申请人、第三人逾期不起诉又不履行行政复议决定书、调解书的，或者不履行最终裁决的行政复议决定的，按照下列规定分别处理： 　　（一）维持行政行为的行政复议决定书，由作出行政行为的行政机关依法强制执行，或者申请人民法院强制执行； 　　（二）变更行政行为的行政复议决定书，由行政复议机关依法强制执行，或者申请人民法院强制执行； 　　（三）行政复议调解书，由行政复议机关依法强制执行，或者申请人民法院强制执行。	第三十三条　申请人逾期不起诉又不履行行政复议决定的，或者不履行最终裁决的行政复议决定的，按照下列规定分别处理： 　　（一）维持具体行政行为的行政复议决定，由作出具体行政行为的行政机关依法强制执行，或者申请人民法院强制执行； 　　（二）变更具体行政行为的行政复议决定，由行政复议机关依法强制执行，或者申请人民法院强制执行。

按照本法第七十三条规定，行政复议调解书经各方当事人签字或者签章，并加盖行政复议机关印章，即具有法律效力。本条修改新增了行政复议调解书的强制执行，维护和体现行政复议调解书的法律效力。

第七十九条 【行政复议决定书公开和文书抄告】

第七十九条　行政复议机关根据被申请行政复议的行政行为的公开情况，按照国家有关规定将行政复议决定书向社会公开。 县级以上地方各级人民政府办理以本级人民政府工作部门为被申请人的行政复议案件，应当将发生法律效力的行政复议决定书、意见书同时抄告被申请人的上一级主管部门。	新增条文

1. 行政复议决定书的公开，从以下三个方面理解：一是要考虑申请行政复议的行政行为的公开情况；二是要按照国家有关规定；三是向社会公开的形式可以相对灵活。

2. 行政复议决定书、意见书的抄告，有利于被申请人的上一级主管部门对被申请人依法行政情况的了解掌握，也有利于对行政复议行为本身的监督。

第六章　法律责任

第八十条　【行政复议机关不依法履职的法律责任】

第八十条　行政复议机关**不依照**本法规定**履行行政复议职责，**对负有责任的领导人员和直接责任人员依法给予警告、记过、记大过的处分；经有权监督的机关督促仍不改正或者造成严重后果的，依法给予降级、撤职、开除的处分。	第三十四条　行政复议机关~~违反~~本法规定~~，无正当理由不予受理~~依法提出的行政复议申请~~或者不按照规定转送行政复议申请的，或者在法定期限内不作出行政复议决定的~~，对~~直接负责的主管~~人员和其他直接责任人员依法给予警告、记过、记大过的~~行政~~处分；~~经责令受理仍不受理或者不按照规定转送行政复议申请，~~造成严重后果的，依法给予降级、撤职、开除的~~行政~~处分。
本条主要规定了行政复议机关不依法履职时应当承担的法律责任。具体承担法律责任的主体是负有责任的领导人员和直接责任人员。	

第八十一条　【行政复议机关工作人员法律责任】

第八十一条　行政复议机关工作人员在行政复议活动中，徇私舞弊或者有其他渎职、失职行为的，依法给予警告、记过、记大过的处分；情节严重的，依法给予降级、撤职、开除的处分；构成犯罪的，依法追究刑事责任。	第三十五条　行政复议机关工作人员在行政复议活动中，徇私舞弊或者有其他渎职、失职行为的，依法给予警告、记过、记大过的~~行政~~处分；情节严重的，依法给予降级、撤职、开除的~~行政~~处分；构成犯罪的，依法追究刑事责任。

> 本条主要规定了行政复议机关工作人员徇私舞弊或者有其他渎职、失职行为的法律责任。此次修订未作实质性修改。

第八十二条 【被申请人不书面答复等行为的法律责任】

> 第八十二条 被申请人违反本法规定，不提出书面答复或者不提交作出行政行为的证据、依据和其他有关材料，或者阻挠、变相阻挠公民、法人或者其他组织依法申请行政复议的，对**负有责任的领导**人员和直接责任人员依法给予警告、记过、记大过的处分；进行报复陷害的，依法给予降级、撤职、开除的处分；构成犯罪的，依法追究刑事责任。

> 第三十六条 被申请人违反本法规定，不提出书面答复或者不提交作出~~具体~~行政行为的证据、依据和其他有关材料，或者阻挠、变相阻挠公民、法人或者其他组织依法申请行政复议的，对~~直接负责的主管~~人员和~~其他~~直接责任人员依法给予警告、记过、记大过的~~行政~~处分；进行报复陷害的，依法给予降级、撤职、开除的~~行政~~处分；构成犯罪的，依法追究刑事责任。

> 本条规定了被申请人在行政复议过程中的违法行为的法律责任，主要包括：一是不提出书面答复或者不提交作出行政行为的证据、依据和其他有关材料；二是阻挠、变相阻挠公民、法人或者其他组织依法申请行政复议。具体承担法律责任的主体是负有责任的领导人员和直接责任人员。

第八十三条 【被申请人不履行有关文书的法律责任】

> 第八十三条 被申请人不履行或者无正当理由拖延履行行政复议决定书、**调解书、意见书**的，对**负有责任的领导**人员和直接责任人员依法给予警告、记过、记大过的处分；经责令履行仍拒不履行的，依法给予降级、撤职、开除的处分。

> 第三十七条 被申请人不履行或者无正当理由拖延履行行政复议决定的，对~~直接负责的主管~~人员和~~其他~~直接责任人员依法给予警告、记过、记大过的~~行政~~处分；经责令履行仍拒不履行的，依法给予降级、撤职、开除的~~行政~~处分。

> 本条规定了被申请人不履行或者无正当理由拖延履行行政复议决定书、调解书、意见书的法律责任，主要为维护行政复议的权威和确保行政复议决定书等法律文书的有效执行。

第八十四条　【拒绝、阻扰调查取证等行为的法律责任】

第八十四条　拒绝、阻挠行政复议人员调查取证，故意扰乱行政复议工作秩序的，依法给予处分、治安管理处罚；构成犯罪的，依法追究刑事责任。	新增条文

> 本条是此次修订新增内容，主要是为保证行政复议机关在调查取证时不受干扰，以及行政复议工作正常开展。

第八十五条　【违法事实材料移送】

第八十五条　行政机关及其工作人员违反本法规定的，行政复议机关可以向监察机关或者公职人员任免机关、单位移送有关人员违法的事实材料，接受移送的监察机关或者公职人员任免机关、单位应当依法处理。	第三十八条　行政复议机关~~负责法制工作的机构发现有无正当理由不予受理行政复议申请、不按照规定期限作出行政复议决定、徇私舞弊、对申请人打击报复或者不履行行政复议决定等情形的，应~~向有关行政机关~~提出建议，有关行政机关应当依照本法和有关法律、行政法规的规定作出处理。~~

> 本条在此次修订过程中作了部分修改，主要解决被申请人有关违法行为处理的衔接问题，通过与监察机关和公职人员任免机关的程序衔接，发挥行政复议的监督功能和作用。

71

第八十六条 【职务违法犯罪线索移送】

第八十六条 行政复议机关在办理行政复议案件过程中,发现公职人员涉嫌贪污贿赂、失职渎职等职务违法或者职务犯罪的问题线索,应当依照有关规定移送监察机关,由监察机关依法调查处置。	新增条文

　　本条是此次修订新增内容,主要解决职务违法或者职务犯罪问题和线索移送问题,与监察法和监察机关的职能相衔接。

第七章 附　　则

第八十七条　【受理申请不收费】

第八十七条　行政复议机关受理行政复议申请，不得向申请人收取任何费用。	第三十九条第一句　行政复议机关受理行政复议申请，不得向申请人收取任何费用。

本条是关于行政复议受理不收取费用的原则规定，此次修订未作修改。

第八十八条　【期间计算和文书送达】

第八十八条　行政复议期间的计算和行政复议文书的送达，**本法没有规定的**，依照《中华人民共和国民事诉讼法》关于期间、送达的规定执行。 本法关于行政复议期间有关"三日"、"五日"、"七日"、"十日"的规定是指工作日，不含**法定休假日**。	第四十条　行政复议期间的计算和行政复议文书的送达，依照民事诉讼法关于期间、送达的规定执行。 本法关于行政复议期间有关"五日"、"七日"的规定是指工作日，不含节假日。

1. 考虑到本法对期间计算和文书送达有部分规定，此次修改增加"本法没有规定的"才适用民事诉讼法的有关规定。
2. 此次修订新增加"三日""十日"是指工作日，主要是在有关程序内容中增加了相应的期间，以及考虑行政复议中被申请人履行相关义务的实际需要。

第八十九条 【外国人等法律适用】

第八十九条 外国人、无国籍人、外国组织在中华人民共和国境内申请行政复议，适用本法。	第四十一条 外国人、无国籍人、外国组织在中华人民共和国境内申请行政复议，适用本法。
本条是关于外国人等适用本法申请复议的规定，是法律有关属地管辖的一般性规定。	
	~~第四十三条 本法施行前公布的法律有关行政复议的规定与本法的规定不一致的，以本法的规定为准。~~
考虑到"新法优于旧法"等法律适用规则已在理论、制度和实践上形成广泛共识，此次修订删除法律适用原则的有关规定。	

第九十条 【施行日期】

第九十条 本法自 2024 年 1 月 1 日起施行。	第四十三条 本法自 ~~1999 年 10 月 1 日~~ 起施行。~~1990 年 12 月 24 日国务院发布、1994 年 10 月 9 日国务院修订发布的《行政复议条例》同时废止。~~
对法律条文作出全面修改，重新公布法律文本代替原来的法律文本，因此重新确定法律施行日期，立法机关经与有关方面研究，确定修订后的行政复议法施行日期为 2024 年 1 月 1 日。	

中华人民共和国主席令

第九号

《中华人民共和国行政复议法》已由中华人民共和国第十四届全国人民代表大会常务委员会第五次会议于2023年9月1日修订通过，现予公布，自2024年1月1日起施行。

中华人民共和国主席　习近平

2023年9月1日

中华人民共和国行政复议法

（1999年4月29日第九届全国人民代表大会常务委员会第九次会议通过 根据2009年8月27日第十一届全国人民代表大会常务委员会第十次会议《关于修改部分法律的决定》第一次修正 根据2017年9月1日第十二届全国人民代表大会常务委员会第二十九次会议《关于修改〈中华人民共和国法官法〉等八部法律的决定》第二次修正 2023年9月1日第十四届全国人民代表大会常务委员会第五次会议修订）

目　　录

第一章　总　　则

第二章　行政复议申请

　第一节　行政复议范围

　第二节　行政复议参加人

　第三节　申请的提出

　第四节　行政复议管辖

第三章　行政复议受理

第四章　行政复议审理

第一节 一般规定

第二节 行政复议证据

第三节 普通程序

第四节 简易程序

第五节 行政复议附带审查

第五章 行政复议决定

第六章 法律责任

第七章 附　　则

第一章　总　　则

第一条 为了防止和纠正违法的或者不当的行政行为，保护公民、法人和其他组织的合法权益，监督和保障行政机关依法行使职权，发挥行政复议化解行政争议的主渠道作用，推进法治政府建设，根据宪法，制定本法。

第二条 公民、法人或者其他组织认为行政机关的行政行为侵犯其合法权益，向行政复议机关提出行政复议申请，行政复议机关办理行政复议案件，适用本法。

前款所称行政行为，包括法律、法规、规章授权的组织的行政行为。

第三条 行政复议工作坚持中国共产党的领导。

行政复议机关履行行政复议职责，应当遵循合法、公正、公开、高效、便民、为民的原则，坚持有错必纠，保障法律、法规的正确实施。

第四条 县级以上各级人民政府以及其他依照本法履行行政复议职责的行政机关是行政复议机关。

行政复议机关办理行政复议事项的机构是行政复议机构。行政复议机构同时组织办理行政复议机关的行政应诉事项。

行政复议机关应当加强行政复议工作，支持和保障行政复议机构依法履行职责。上级行政复议机构对下级行政复议机构的行政复议工作进行指导、监督。

国务院行政复议机构可以发布行政复议指导性案例。

第五条 行政复议机关办理行政复议案件，可以进行调解。

调解应当遵循合法、自愿的原则，不得损害国家利益、社会公共利益和他人合法权益，不得违反法律、法规的强制性规定。

第六条 国家建立专业化、职业化行政复议人员队伍。

行政复议机构中初次从事行政复议工作的人员，应当通过国家统一法律职业资格考试取得法律职业资格，并参加统一职前培训。

国务院行政复议机构应当会同有关部门制定行政复议人员工作规范，加强对行政复议人员的业务考核和管理。

第七条　行政复议机关应当确保行政复议机构的人员配备与所承担的工作任务相适应，提高行政复议人员专业素质，根据工作需要保障办案场所、装备等设施。县级以上各级人民政府应当将行政复议工作经费列入本级预算。

第八条　行政复议机关应当加强信息化建设，运用现代信息技术，方便公民、法人或者其他组织申请、参加行政复议，提高工作质量和效率。

第九条　对在行政复议工作中做出显著成绩的单位和个人，按照国家有关规定给予表彰和奖励。

第十条　公民、法人或者其他组织对行政复议决定不服的，可以依照《中华人民共和国行政诉讼法》的规定向人民法院提起行政诉讼，但是法律规定行政复议决定为最终裁决的除外。

第二章　行政复议申请

第一节　行政复议范围

第十一条　有下列情形之一的，公民、法人或者其他组织可以依照本法申请行政复议：

（一）对行政机关作出的行政处罚决定不服；

（二）对行政机关作出的行政强制措施、行政强制执行决定不服；

（三）申请行政许可，行政机关拒绝或者在法定期限内不予答复，或者对行政机关作出的有关行政许可的其他决定不服；

（四）对行政机关作出的确认自然资源的所有权或者使用权的决定不服；

（五）对行政机关作出的征收征用决定及其补偿决定不服；

（六）对行政机关作出的赔偿决定或者不予赔偿决定不服；

（七）对行政机关作出的不予受理工伤认定申请的决定或者工伤认定结论不服；

（八）认为行政机关侵犯其经营自主权或者农村土地承包经营权、农村土地经营权；

（九）认为行政机关滥用行政权力排除或者限制竞争；

（十）认为行政机关违法集资、摊派费用或者违法要求履行其他义务；

（十一）申请行政机关履行保护人身权利、财产权利、受教育权利等合法权益的法定职责，行政机关拒绝履行、未依法履行或者不予答复；

（十二）申请行政机关依法给付抚恤金、社会保险待遇或者最低生活保障等社会保障，行政机关没有依法给付；

（十三）认为行政机关不依法订立、不依法履行、未按照约定履行或者违法变更、解除政府特许经营协议、土地房屋征收补偿协议等行政协议；

（十四）认为行政机关在政府信息公开工作中侵犯其合法权益；

（十五）认为行政机关的其他行政行为侵犯其合法权益。

第十二条 下列事项不属于行政复议范围：

（一）国防、外交等国家行为；

（二）行政法规、规章或者行政机关制定、发布的具有普遍约束力的决定、命令等规范性文件；

（三）行政机关对行政机关工作人员的奖惩、任免等决定；

（四）行政机关对民事纠纷作出的调解。

第十三条 公民、法人或者其他组织认为行政机关的行政行为所依据的下列规范性文件不合法，在对行政行为申请行政复议时，可以一并向行政复议机关提出对该规范性文件的附带审查申请：

（一）国务院部门的规范性文件；

（二）县级以上地方各级人民政府及其工作部门的规范性文件；

（三）乡、镇人民政府的规范性文件；

（四）法律、法规、规章授权的组织的规范性文件。

前款所列规范性文件不含规章。规章的审查依照法律、行政法规办理。

第二节　行政复议参加人

第十四条　依照本法申请行政复议的公民、法人或者其他组织是申请人。

有权申请行政复议的公民死亡的，其近亲属可以申请行政复议。有权申请行政复议的法人或者其他组织终止的，其权利义务承受人可以申请行政复议。

有权申请行政复议的公民为无民事行为能力人或者限制民事行为能力人的，其法定代理人可以代为申请行政复议。

第十五条　同一行政复议案件申请人人数众多的，可以由申请人推选代表人参加行政复议。

代表人参加行政复议的行为对其所代表的申请人发生效力，但是代表人变更行政复议请求、撤回行政复议申请、承认第三人请求的，应当经被代表的申请人同意。

第十六条　申请人以外的同被申请行政复议的行政行为或者行政复议案件处理结果有利害关系的公民、法人或者其他组织，可以作为第三人申请参加行政复议，或者由行政复议机构通知其作为第三人参加行政复议。

第三人不参加行政复议，不影响行政复议案件的审理。

第十七条　申请人、第三人可以委托一至二名律师、基层法律服务工作者或者其他代理人代为参加行政复议。

申请人、第三人委托代理人的，应当向行政复议机构提交授权委托书、委托人及被委托人的身份证明文件。授权委托书应当载明委托事项、权限和期限。申请人、第三人变更或者解除代理人权限的，应当书面告知行政复议机构。

第十八条　符合法律援助条件的行政复议申请人申请法律援助的，法律援助机构应当依法为其提供法律援助。

第十九条　公民、法人或者其他组织对行政行为不服申请行政复议的，作出行政行为的行政机关或者法律、法规、规章授权的组织是被申请人。

两个以上行政机关以共同的名义作出同一行政行为的，共同作出行政行为的行政机关是被申请人。

行政机关委托的组织作出行政行为的，委托的行政机关是被申请人。

作出行政行为的行政机关被撤销或者职权变更的，继续行使其职权的行政机关是被申请人。

第三节　申请的提出

第二十条　公民、法人或者其他组织认为行政行为侵犯其合法权益的，可以自知道或者应当知道该行政行为之日起六十日内提出行政复议申请；但是法律规定的申请期限超过六十日的除外。

因不可抗力或者其他正当理由耽误法定申请期限的，申请期限自障碍消除之日起继续计算。

行政机关作出行政行为时，未告知公民、法人或者其他组织申请行政复议的权利、行政复议机关和申请期限的，申请期限自公民、法人或者其他组织知道或者应当知道申请行政复议的权利、行政复议机关和申请期限之日起计算，但是自知道或者应当知道行政行为内容之日起最长不得超过一年。

第二十一条　因不动产提出的行政复议申请自行政行为作出之日起超过二十年，其他行政复议申请自行政行为作出之日起超过五年的，行政复议机关不予受理。

第二十二条　申请人申请行政复议，可以书面申请；书面申请有困难的，也可以口头申请。

书面申请的，可以通过邮寄或者行政复议机关指定的互联网渠道等方式提交行政复议申请书，也可以当面提交行政复议申请书。行政机关通过互联网渠道送达行政行为决定书的，应当同时提供提交行政复议申请书的互联网渠道。

口头申请的，行政复议机关应当当场记录申请人的基本情况、行政复议请求、申请行政复议的主要事实、理由和时间。

申请人对两个以上行政行为不服的，应当分别申请行政复议。

第二十三条 有下列情形之一的，申请人应当先向行政复议机关申请行政复议，对行政复议决定不服的，可以再依法向人民法院提起行政诉讼：

（一）对当场作出的行政处罚决定不服；

（二）对行政机关作出的侵犯其已经依法取得的自然资源的所有权或者使用权的决定不服；

（三）认为行政机关存在本法第十一条规定的未履行法定职责情形；

（四）申请政府信息公开，行政机关不予公开；

（五）法律、行政法规规定应当先向行政复议机关申请行政复议的其他情形。

对前款规定的情形，行政机关在作出行政行为时应当告知公民、法人或者其他组织先向行政复议机关申请行政复议。

第四节 行政复议管辖

第二十四条 县级以上地方各级人民政府管辖下列行政复议案件：

（一）对本级人民政府工作部门作出的行政行为不服的；

（二）对下一级人民政府作出的行政行为不服的；

（三）对本级人民政府依法设立的派出机关作出的行

政行为不服的；

（四）对本级人民政府或者其工作部门管理的法律、法规、规章授权的组织作出的行政行为不服的。

除前款规定外，省、自治区、直辖市人民政府同时管辖对本机关作出的行政行为不服的行政复议案件。

省、自治区人民政府依法设立的派出机关参照设区的市级人民政府的职责权限，管辖相关行政复议案件。

对县级以上地方各级人民政府工作部门依法设立的派出机构依照法律、法规、规章规定，以派出机构的名义作出的行政行为不服的行政复议案件，由本级人民政府管辖；其中，对直辖市、设区的市人民政府工作部门按照行政区划设立的派出机构作出的行政行为不服的，也可以由其所在地的人民政府管辖。

第二十五条　国务院部门管辖下列行政复议案件：

（一）对本部门作出的行政行为不服的；

（二）对本部门依法设立的派出机构依照法律、行政法规、部门规章规定，以派出机构的名义作出的行政行为不服的；

（三）对本部门管理的法律、行政法规、部门规章授权的组织作出的行政行为不服的。

第二十六条　对省、自治区、直辖市人民政府依照本法第二十四条第二款的规定、国务院部门依照本法第二十五条第一项的规定作出的行政复议决定不服的，可以向人民法院提起行政诉讼；也可以向国务院申请裁决，国务院依照本法的规定作出最终裁决。

第二十七条　对海关、金融、外汇管理等实行垂直领导的行政机关、税务和国家安全机关的行政行为不服的，向上一级主管部门申请行政复议。

第二十八条　对履行行政复议机构职责的地方人民政府司法行政部门的行政行为不服的，可以向本级人民政府申请行政复议，也可以向上一级司法行政部门申请行政复议。

第二十九条　公民、法人或者其他组织申请行政复议，行政复议机关已经依法受理的，在行政复议期间不得向人民法院提起行政诉讼。

公民、法人或者其他组织向人民法院提起行政诉讼，人民法院已经依法受理的，不得申请行政复议。

第三章　行政复议受理

第三十条　行政复议机关收到行政复议申请后，应当在五日内进行审查。对符合下列规定的，行政复议机关应当予以受理：

（一）有明确的申请人和符合本法规定的被申请人；

（二）申请人与被申请行政复议的行政行为有利害关系；

（三）有具体的行政复议请求和理由；

（四）在法定申请期限内提出；

（五）属于本法规定的行政复议范围；

（六）属于本机关的管辖范围；

（七）行政复议机关未受理过该申请人就同一行政行为提出的行政复议申请，并且人民法院未受理过该申请人就同一行政行为提起的行政诉讼。

对不符合前款规定的行政复议申请，行政复议机关应当在审查期限内决定不予受理并说明理由；不属于本机关管辖的，还应当在不予受理决定中告知申请人有管辖权的行政复议机关。

行政复议申请的审查期限届满，行政复议机关未作出不予受理决定的，审查期限届满之日起视为受理。

第三十一条 行政复议申请材料不齐全或者表述不清楚，无法判断行政复议申请是否符合本法第三十条第一款规定的，行政复议机关应当自收到申请之日起五日内书面通知申请人补正。补正通知应当一次性载明需要补正的事项。

申请人应当自收到补正通知之日起十日内提交补正材料。有正当理由不能按期补正的，行政复议机关可以延长合理的补正期限。无正当理由逾期不补正的，视为申请人放弃行政复议申请，并记录在案。

行政复议机关收到补正材料后，依照本法第三十条的规定处理。

第三十二条　对当场作出或者依据电子技术监控设备记录的违法事实作出的行政处罚决定不服申请行政复议的，可以通过作出行政处罚决定的行政机关提交行政复议申请。

行政机关收到行政复议申请后，应当及时处理；认为需要维持行政处罚决定的，应当自收到行政复议申请之日起五日内转送行政复议机关。

第三十三条　行政复议机关受理行政复议申请后，发现该行政复议申请不符合本法第三十条第一款规定的，应当决定驳回申请并说明理由。

第三十四条　法律、行政法规规定应当先向行政复议机关申请行政复议、对行政复议决定不服再向人民法院提起行政诉讼的，行政复议机关决定不予受理、驳回申请或者受理后超过行政复议期限不作答复的，公民、法人或者其他组织可以自收到决定书之日起或者行政复议期限届满之日起十五日内，依法向人民法院提起行政诉讼。

第三十五条　公民、法人或者其他组织依法提出行政复议申请，行政复议机关无正当理由不予受理、驳回申请或者受理后超过行政复议期限不作答复的，申请人有权向上级行政机关反映，上级行政机关应当责令其纠正；必要时，上级行政复议机关可以直接受理。

第四章　行政复议审理

第一节　一般规定

第三十六条　行政复议机关受理行政复议申请后，依照本法适用普通程序或者简易程序进行审理。行政复议机构应当指定行政复议人员负责办理行政复议案件。

行政复议人员对办理行政复议案件过程中知悉的国家秘密、商业秘密和个人隐私，应当予以保密。

第三十七条　行政复议机关依照法律、法规、规章审理行政复议案件。

行政复议机关审理民族自治地方的行政复议案件，同时依照该民族自治地方的自治条例和单行条例。

第三十八条　上级行政复议机关根据需要，可以审理下级行政复议机关管辖的行政复议案件。

下级行政复议机关对其管辖的行政复议案件，认为需要由上级行政复议机关审理的，可以报请上级行政复议机关决定。

第三十九条　行政复议期间有下列情形之一的，行政复议中止：

（一）作为申请人的公民死亡，其近亲属尚未确定是否参加行政复议；

（二）作为申请人的公民丧失参加行政复议的行为能力，尚未确定法定代理人参加行政复议；

（三）作为申请人的公民下落不明；

（四）作为申请人的法人或者其他组织终止，尚未确定权利义务承受人；

（五）申请人、被申请人因不可抗力或者其他正当理由，不能参加行政复议；

（六）依照本法规定进行调解、和解，申请人和被申请人同意中止；

（七）行政复议案件涉及的法律适用问题需要有权机关作出解释或者确认；

（八）行政复议案件审理需要以其他案件的审理结果为依据，而其他案件尚未审结；

（九）有本法第五十六条或者第五十七条规定的情形；

（十）需要中止行政复议的其他情形。

行政复议中止的原因消除后，应当及时恢复行政复议案件的审理。

行政复议机关中止、恢复行政复议案件的审理，应当书面告知当事人。

第四十条　行政复议期间，行政复议机关无正当理由中止行政复议的，上级行政机关应当责令其恢复审理。

第四十一条　行政复议期间有下列情形之一的，行政复议机关决定终止行政复议：

（一）申请人撤回行政复议申请，行政复议机构准予撤回；

（二）作为申请人的公民死亡，没有近亲属或者其近亲属放弃行政复议权利；

（三）作为申请人的法人或者其他组织终止，没有权利义务承受人或者其权利义务承受人放弃行政复议权利；

（四）申请人对行政拘留或者限制人身自由的行政强制措施不服申请行政复议后，因同一违法行为涉嫌犯罪，被采取刑事强制措施；

（五）依照本法第三十九条第一款第一项、第二项、第四项的规定中止行政复议满六十日，行政复议中止的原因仍未消除。

第四十二条 行政复议期间行政行为不停止执行；但是有下列情形之一的，应当停止执行：

（一）被申请人认为需要停止执行；

（二）行政复议机关认为需要停止执行；

（三）申请人、第三人申请停止执行，行政复议机关认为其要求合理，决定停止执行；

（四）法律、法规、规章规定停止执行的其他情形。

第二节 行政复议证据

第四十三条 行政复议证据包括：

（一）书证；

（二）物证；

（三）视听资料；

（四）电子数据；

（五）证人证言；

（六）当事人的陈述；

（七）鉴定意见；

（八）勘验笔录、现场笔录。

以上证据经行政复议机构审查属实，才能作为认定行政复议案件事实的根据。

第四十四条 被申请人对其作出的行政行为的合法性、适当性负有举证责任。

有下列情形之一的，申请人应当提供证据：

（一）认为被申请人不履行法定职责的，提供曾经要求被申请人履行法定职责的证据，但是被申请人应当依职权主动履行法定职责或者申请人因正当理由不能提供的除外；

（二）提出行政赔偿请求的，提供受行政行为侵害而造成损害的证据，但是因被申请人原因导致申请人无法举证的，由被申请人承担举证责任；

（三）法律、法规规定需要申请人提供证据的其他情形。

第四十五条 行政复议机关有权向有关单位和个人

调查取证，查阅、复制、调取有关文件和资料，向有关人员进行询问。

调查取证时，行政复议人员不得少于两人，并应当出示行政复议工作证件。

被调查取证的单位和个人应当积极配合行政复议人员的工作，不得拒绝或者阻挠。

第四十六条 行政复议期间，被申请人不得自行向申请人和其他有关单位或者个人收集证据；自行收集的证据不作为认定行政行为合法性、适当性的依据。

行政复议期间，申请人或者第三人提出被申请行政复议的行政行为作出时没有提出的理由或者证据的，经行政复议机构同意，被申请人可以补充证据。

第四十七条 行政复议期间，申请人、第三人及其委托代理人可以按照规定查阅、复制被申请人提出的书面答复、作出行政行为的证据、依据和其他有关材料，除涉及国家秘密、商业秘密、个人隐私或者可能危及国家安全、公共安全、社会稳定的情形外，行政复议机构应当同意。

第三节 普通程序

第四十八条 行政复议机构应当自行政复议申请受理之日起七日内，将行政复议申请书副本或者行政复议申请笔录复印件发送被申请人。被申请人应当自收到行政复议申请书副本或者行政复议申请笔录复印件之日起十日内,提出书面答复,并提交作出行政行为的证据、依据和其他有关材料。

第四十九条 适用普通程序审理的行政复议案件,行政复议机构应当当面或者通过互联网、电话等方式听取当事人的意见,并将听取的意见记录在案。因当事人原因不能听取意见的,可以书面审理。

第五十条 审理重大、疑难、复杂的行政复议案件,行政复议机构应当组织听证。

行政复议机构认为有必要听证,或者申请人请求听证的,行政复议机构可以组织听证。

听证由一名行政复议人员任主持人,两名以上行政复议人员任听证员,一名记录员制作听证笔录。

第五十一条 行政复议机构组织听证的,应当于举行听证的五日前将听证的时间、地点和拟听证事项书面通知当事人。

申请人无正当理由拒不参加听证的,视为放弃听证权利。

被申请人的负责人应当参加听证。不能参加的,应当说明理由并委托相应的工作人员参加听证。

第五十二条 县级以上各级人民政府应当建立相关政府部门、专家、学者等参与的行政复议委员会,为办理行政复议案件提供咨询意见,并就行政复议工作中的重大事项和共性问题研究提出意见。行政复议委员会的组成和开展工作的具体办法，由国务院行政复议机构制定。

审理行政复议案件涉及下列情形之一的，行政复议机构应当提请行政复议委员会提出咨询意见：

（一）案情重大、疑难、复杂；

（二）专业性、技术性较强；

（三）本法第二十四条第二款规定的行政复议案件；

（四）行政复议机构认为有必要。

行政复议机构应当记录行政复议委员会的咨询意见。

第四节　简易程序

第五十三条　行政复议机关审理下列行政复议案件，认为事实清楚、权利义务关系明确、争议不大的，可以适用简易程序：

（一）被申请行政复议的行政行为是当场作出；

（二）被申请行政复议的行政行为是警告或者通报批评；

（三）案件涉及款额三千元以下；

（四）属于政府信息公开案件。

除前款规定以外的行政复议案件，当事人各方同意适用简易程序的，可以适用简易程序。

第五十四条　适用简易程序审理的行政复议案件，

行政复议机构应当自受理行政复议申请之日起三日内，将行政复议申请书副本或者行政复议申请笔录复印件发送被申请人。被申请人应当自收到行政复议申请书副本或者行政复议申请笔录复印件之日起五日内，提出书面答复，并提交作出行政行为的证据、依据和其他有关材料。

适用简易程序审理的行政复议案件，可以书面审理。

第五十五条　适用简易程序审理的行政复议案件，行政复议机构认为不宜适用简易程序的，经行政复议机构的负责人批准，可以转为普通程序审理。

第五节　行政复议附带审查

第五十六条　申请人依照本法第十三条的规定提出对有关规范性文件的附带审查申请，行政复议机关有权处理的，应当在三十日内依法处理；无权处理的，应当在七日内转送有权处理的行政机关依法处理。

第五十七条　行政复议机关在对被申请人作出的行政行为进行审查时，认为其依据不合法，本机关有权处理的，应当在三十日内依法处理；无权处理的，应当在七日内转送有权处理的国家机关依法处理。

第五十八条　行政复议机关依照本法第五十六条、第五十七条的规定有权处理有关规范性文件或者依据的，行政复议机构应当自行政复议中止之日起三日内，书面通知规范性文件或者依据的制定机关就相关条款的合法性提出书面答复。制定机关应当自收到书面通知之日起十日内提交书面答复及相关材料。

行政复议机构认为必要时，可以要求规范性文件或者依据的制定机关当面说明理由，制定机关应当配合。

第五十九条 行政复议机关依照本法第五十六条、第五十七条的规定有权处理有关规范性文件或者依据，认为相关条款合法的，在行政复议决定书中一并告知；认为相关条款超越权限或者违反上位法的，决定停止该条款的执行，并责令制定机关予以纠正。

第六十条 依照本法第五十六条、第五十七条的规定接受转送的行政机关、国家机关应当自收到转送之日起六十日内，将处理意见回复转送的行政复议机关。

第五章 行政复议决定

第六十一条 行政复议机关依照本法审理行政复议案件，由行政复议机构对行政行为进行审查，提出意见，经行政复议机关的负责人同意或者集体讨论通过后，以行政复议机关的名义作出行政复议决定。

经过听证的行政复议案件，行政复议机关应当根据听证笔录、审查认定的事实和证据，依照本法作出行政复议决定。

提请行政复议委员会提出咨询意见的行政复议案件，行政复议机关应当将咨询意见作为作出行政复议决定的重要参考依据。

第六十二条　适用普通程序审理的行政复议案件，行政复议机关应当自受理申请之日起六十日内作出行政复议决定；但是法律规定的行政复议期限少于六十日的除外。情况复杂，不能在规定期限内作出行政复议决定的，经行政复议机构的负责人批准，可以适当延长，并书面告知当事人；但是延长期限最多不得超过三十日。

适用简易程序审理的行政复议案件，行政复议机关应当自受理申请之日起三十日内作出行政复议决定。

第六十三条　行政行为有下列情形之一的，行政复议机关决定变更该行政行为：

（一）事实清楚，证据确凿，适用依据正确，程序合法，但是内容不适当；

（二）事实清楚，证据确凿，程序合法，但是未正确适用依据；

（三）事实不清、证据不足，经行政复议机关查清事实和证据。

行政复议机关不得作出对申请人更为不利的变更决定，但是第三人提出相反请求的除外。

第六十四条　行政行为有下列情形之一的，行政复议机关决定撤销或者部分撤销该行政行为，并可以责令被申请人在一定期限内重新作出行政行为：

（一）主要事实不清、证据不足；

（二）违反法定程序；

（三）适用的依据不合法；

（四）超越职权或者滥用职权。

行政复议机关责令被申请人重新作出行政行为的，被申请人不得以同一事实和理由作出与被申请行政复议的行政行为相同或者基本相同的行政行为，但是行政复议机关以违反法定程序为由决定撤销或者部分撤销的除外。

第六十五条 行政行为有下列情形之一的，行政复议机关不撤销该行政行为，但是确认该行政行为违法：

（一）依法应予撤销，但是撤销会给国家利益、社会公共利益造成重大损害；

（二）程序轻微违法，但是对申请人权利不产生实际影响。

行政行为有下列情形之一，不需要撤销或者责令履行的，行政复议机关确认该行政行为违法：

（一）行政行为违法，但是不具有可撤销内容；

（二）被申请人改变原违法行政行为，申请人仍要求撤销或者确认该行政行为违法；

（三）被申请人不履行或者拖延履行法定职责，责令履行没有意义。

第六十六条　被申请人不履行法定职责的，行政复议机关决定被申请人在一定期限内履行。

第六十七条　行政行为有实施主体不具有行政主体资格或者没有依据等重大且明显违法情形，申请人申请确认行政行为无效的，行政复议机关确认该行政行为无效。

第六十八条　行政行为认定事实清楚，证据确凿，适用依据正确，程序合法，内容适当的，行政复议机关决定维持该行政行为。

第六十九条　行政复议机关受理申请人认为被申请人不履行法定职责的行政复议申请后，发现被申请人没有相应法定职责或者在受理前已经履行法定职责的，决定驳回申请人的行政复议请求。

第七十条　被申请人不按照本法第四十八条、第五十四条的规定提出书面答复、提交作出行政行为的证据、依据和其他有关材料的，视为该行政行为没有证据、依据，行政复议机关决定撤销、部分撤销该行政行为，确认该行政行为违法、无效或者决定被申请人在一定期限内履行，但是行政行为涉及第三人合法权益，第三人提供证据的除外。

第七十一条　被申请人不依法订立、不依法履行、未按照约定履行或者违法变更、解除行政协议的，行政复议机关决定被申请人承担依法订立、继续履行、采取补救措施或者赔偿损失等责任。

被申请人变更、解除行政协议合法，但是未依法给予补偿或者补偿不合理的，行政复议机关决定被申请人依法给予合理补偿。

第七十二条 申请人在申请行政复议时一并提出行政赔偿请求，行政复议机关对依照《中华人民共和国国家赔偿法》的有关规定应当不予赔偿的，在作出行政复议决定时，应当同时决定驳回行政赔偿请求；对符合《中华人民共和国国家赔偿法》的有关规定应当给予赔偿的，在决定撤销或者部分撤销、变更行政行为或者确认行政行为违法、无效时，应当同时决定被申请人依法给予赔偿；确认行政行为违法的，还可以同时责令被申请人采取补救措施。

申请人在申请行政复议时没有提出行政赔偿请求的，行政复议机关在依法决定撤销或者部分撤销、变更罚款，撤销或者部分撤销违法集资、没收财物、征收征用、摊派费用以及对财产的查封、扣押、冻结等行政行为时，应当同时责令被申请人返还财产，解除对财产的查封、扣押、冻结措施，或者赔偿相应的价款。

第七十三条 当事人经调解达成协议的，行政复议机关应当制作行政复议调解书，经各方当事人签字或者签章，并加盖行政复议机关印章，即具有法律效力。

调解未达成协议或者调解书生效前一方反悔的，行政复议机关应当依法审查或者及时作出行政复议决定。

第七十四条 当事人在行政复议决定作出前可以自愿达成和解，和解内容不得损害国家利益、社会公共利益和他人合法权益，不得违反法律、法规的强制性规定。

当事人达成和解后，由申请人向行政复议机构撤回行政复议申请。行政复议机构准予撤回行政复议申请、行政复议机关决定终止行政复议的，申请人不得再以同一事实和理由提出行政复议申请。但是，申请人能够证明撤回行政复议申请违背其真实意愿的除外。

第七十五条 行政复议机关作出行政复议决定，应当制作行政复议决定书，并加盖行政复议机关印章。

行政复议决定书一经送达，即发生法律效力。

第七十六条 行政复议机关在办理行政复议案件过程中，发现被申请人或者其他下级行政机关的有关行政行为违法或者不当的，可以向其制发行政复议意见书。有关机关应当自收到行政复议意见书之日起六十日内，将纠正相关违法或者不当行政行为的情况报送行政复议机关。

第七十七条 被申请人应当履行行政复议决定书、调解书、意见书。

被申请人不履行或者无正当理由拖延履行行政复议决定书、调解书、意见书的，行政复议机关或者有关上级行政机关应当责令其限期履行，并可以约谈被申请人的有关负责人或者予以通报批评。

第七十八条　申请人、第三人逾期不起诉又不履行行政复议决定书、调解书的，或者不履行最终裁决的行政复议决定的，按照下列规定分别处理：

（一）维持行政行为的行政复议决定书，由作出行政行为的行政机关依法强制执行，或者申请人民法院强制执行；

（二）变更行政行为的行政复议决定书，由行政复议机关依法强制执行，或者申请人民法院强制执行；

（三）行政复议调解书，由行政复议机关依法强制执行，或者申请人民法院强制执行。

第七十九条　行政复议机关根据被申请行政复议的行政行为的公开情况，按照国家有关规定将行政复议决定书向社会公开。

县级以上地方各级人民政府办理以本级人民政府工作部门为被申请人的行政复议案件，应当将发生法律效力的行政复议决定书、意见书同时抄告被申请人的上一级主管部门。

第六章　法律责任

第八十条　行政复议机关不依照本法规定履行行政复议职责，对负有责任的领导人员和直接责任人员依法给予警告、记过、记大过的处分；经有权监督的机关督促仍不改正或者造成严重后果的，依法给予降级、撤职、开除的处分。

第八十一条　行政复议机关工作人员在行政复议活动中，徇私舞弊或者有其他渎职、失职行为的，依法给予警告、记过、记大过的处分；情节严重的，依法给予降级、撤职、开除的处分；构成犯罪的，依法追究刑事责任。

第八十二条　被申请人违反本法规定，不提出书面答复或者不提交作出行政行为的证据、依据和其他有关材料，或者阻挠、变相阻挠公民、法人或者其他组织依法申请行政复议的，对负有责任的领导人员和直接责任人员依法给予警告、记过、记大过的处分；进行报复陷害的，依法给予降级、撤职、开除的处分；构成犯罪的，依法追究刑事责任。

第八十三条　被申请人不履行或者无正当理由拖延履行行政复议决定书、调解书、意见书的，对负有责任的领导人员和直接责任人员依法给予警告、记过、记大过的处分；经责令履行仍拒不履行的，依法给予降级、撤职、开除的处分。

第八十四条　拒绝、阻挠行政复议人员调查取证，故意扰乱行政复议工作秩序的，依法给予处分、治安管理处罚；构成犯罪的，依法追究刑事责任。

第八十五条　行政机关及其工作人员违反本法规定的，行政复议机关可以向监察机关或者公职人员任免机关、单位移送有关人员违法的事实材料，接受移送的监察机关或者公职人员任免机关、单位应当依法处理。

第八十六条　行政复议机关在办理行政复议案件过程中，发现公职人员涉嫌贪污贿赂、失职渎职等职务违法或者职务犯罪的问题线索，应当依照有关规定移送监察机关，由监察机关依法调查处置。

第七章　附　　则

第八十七条　行政复议机关受理行政复议申请，不得向申请人收取任何费用。

第八十八条　行政复议期间的计算和行政复议文书的送达，本法没有规定的，依照《中华人民共和国民事诉讼法》关于期间、送达的规定执行。

本法关于行政复议期间有关"三日"、"五日"、"七日"、"十日"的规定是指工作日，不含法定休假日。

第八十九条　外国人、无国籍人、外国组织在中华人民共和国境内申请行政复议，适用本法。

第九十条　本法自2024年1月1日起施行。

关于《中华人民共和国行政复议法（修订草案）》的说明

——2022年10月27日在第十三届全国人民代表大会常务委员会第三十七次会议上

司法部部长 唐一军

委员长、各位副委员长、秘书长、各位委员：

我受国务院委托，对《中华人民共和国行政复议法（修订草案）》作说明。

一、修订的必要性和工作过程

行政复议是政府系统自我纠错的监督制度和解决"民告官"行政争议的救济制度，是推进法治政府建设的重要抓手，也是维护公民、法人和其他组织合法权益的重要渠道。党中央、国务院高度重视行政复议工作。习近平总书记指出，要发挥行政复议公正高效、便民为民的制度优势和化解行政争议的主渠道作用。李克强总理强调，要持续推动法治政府建设，并对行政复议法修订工作作出重要批示。

现行《中华人民共和国行政复议法》于1999年施行，并于2009年和2017年分别对部分条款作了修改。截至2021年底，全国各级行政复议机关共办理行政复议案件295.3万件，其中，立案并审结244.4万件，纠正违法或不当行政行为35万件，纠错率14.3%，在维护群众合法权益、促进社会和谐稳定、加快建设法治政府方面发挥了重要作用。随着经济社会发展，行政复议制度也暴露出一些突出问题：一是吸纳行政争议的入口偏窄，部分行政争议无法进入行政复议渠道有效解决。二是案件管辖体制过于分散，群众难以找准行政复议机关，不利于将行政争议化解在基层和萌芽状态。三是案件审理机制不够健全，审理标准不统一，影响办案质量和效率。为解决上述问题，有必要修改行政复议法。中央全面依法治国委员会印发《行政复议体制改革方案》，对构建统一、科学的行政复议体制作出部署，要求抓紧修订行政复议法，将改革方案转化为相应的法律制度，确保改革于法有据。

　　为贯彻落实党中央、国务院决策部署，司法部在深入调研论证、广泛听取各方面意见基础上，起草了《中华人民共和国行政复议法（修订草案）》（以下简称修订草案）。修订草案已经国务院常务会议讨论通过。

　　二、修订的主要内容

　　修订草案全面贯彻落实《行政复议体制改革方案》，强化行政复议吸纳和化解行政争议的能力，坚持复议为民，提高行政复议公信力，努力将行政复议打造成为化解行政争议的主渠道。修订草案共7章86条，修订的主要内容包括：

　　（一）明确行政复议原则、职责和保障。一是明确规定"行政复议工作坚持中国共产党领导"。二是完善行政复议机关及行政复议机构的规定，强化行政复议机关领导行政复议工作的法定责任。三是取消地方人民政府工作部门的行政复议职责，由县级以上地方人民政府统一行使，同时保留实行垂直领导的行政机关、税务和国家安全机关的特殊情形，并相应调整国务院部门的管辖权限。四是加强行政复议能力建设和工作保障。

（二）强化行政复议吸纳和化解行政争议的能力。一是扩大行政复议受案范围，明确对行政协议、政府信息公开等行为不服的可以申请行政复议。二是扩大行政复议前置范围，明确对依法当场作出的行政处罚决定、行政不作为不服的，应当先申请行政复议。三是明确简易程序的适用情形，并规定适用简易程序的案件应当在三十日内审结。

（三）完善行政复议受理及审理程序。一是明确行政复议的受理条件，增设申请材料补正制度，并完善对行政复议机关不作为的监督机制。二是明确行政复议机关审理案件可以按照合法、自愿原则进行调解。三是建立健全行政复议证据规则，明确申请人与被申请人的举证责任。四是在一般程序中，将办案原则由书面审查修改为通过灵活方式听取群众意见，对重大、疑难、复杂案件建立听证和行政复议委员会制度。五是完善行政复议附带审查规范性文件的程序和处理方式。

（四）加强行政复议对行政执法的监督。一是完善行政复议决定体系，细化变更、确认违法等决定的适用情形，增加确认无效、责令履行行政协议等决定类型。二是增设行政复议意见书、约谈通报、行政复议决定抄告等监督制度。

此外，修订草案在法律责任部分增加了对拒绝、阻挠行政复议调查取证行为的追责条款，健全了行政复议与纪检监察的衔接机制。

修订草案和以上说明是否妥当，请审议。

全国人民代表大会宪法和法律委员会关于《中华人民共和国行政复议法（修订草案）》修改情况的汇报

全国人民代表大会常务委员会：

现行行政复议法于1999年施行，并于2009年和2017年分别对部分条款作了修改。党的十八大以来，以习近平同志为核心的党中央高度重视行政复议工作。2020年2月，习近平总书记主持召开中央全面依法治国委员会第三次会议，审议通过了《行政复议体制改革方案》。习近平总书记指出，要发挥行政复议公正高效、便民为民的制度优势和化解行政争议的主渠道作用。为贯彻落实习近平总书记重要指示和党中央决策部署，巩固改革成果，完善、优化行政复议制度，有效发挥行政复议化解行政争议的作用，司法部起草了行政复议法修订草案，国务院提请全国人大常委会审议。修订草案包括总则、行政复议申请、行政复议受理、行政复议审理、行政复议决定、法律责任、附则，共7章86条。

2022年10月，十三届全国人大常委会第三十七次会议对修订草案进行了初次审议。会后，法制工作委员会将修订草案印发部分全国人大代表、中央有关部门和单位、地方人大和基层立法联系点征求意见；在中国人大网全文公布修订草案，征求社会公众意见。宪法和法律委员会、法制工作委员会召开座谈会听取部分全国人大代表、中央有关部门和单位、专家学者的意见，赴有关地方调研，了解情况、听取意见，并就修订草案中的主要问题与有关方面交换意见、共同研究。宪法和法律委员会于2023年6月1日召开会议，根据常委会组成人员的审议意见和各方面意见，对修订草案进行了逐条审议。司法部有关负责同志列席了会议。6月19日，宪法和法律委员会召开会议，再次进行了审议。现将行政复议法修订草案主要问题修改情况汇报如下：

一、有些常委委员、单位、地方、基层立法联系点、专家和社会公众建议，贯彻落实习近平总书记重要指示精神和党中央决策部署，进一步完善立法目的和行政复议原则。宪法和法律委员会经研究，建议作以下修改：一是在立法目的中增加"推进法治政府建设"。二是在行政复议机关履职的原则中完整体现"公正高效、便民为民"的要求。三是发挥调解在行政复议中的作用，将修订草案第三十四条关于调解的内容移至总则中规定，明确调解向前延伸至行政复议案件审理前，将"审理"修改为"办理"。

二、有些常委委员、部门、单位、地方、基层立法联系点、专家和社会公众建议，扩大行政复议范围，完善行政复议范围有关规定，充分发挥行政复议化解行政争议的主渠道作用。宪法和法律委员会经研究，建议作以下修改：一是将行政机关作出的赔偿决定纳入行政复议范围，明确行政协议包括"政府特许经营协议、土地房屋征收补偿协议等"，明确行政机关不履行法定职责包括"拒绝履行、未依法履行或者不予答复"。二是将行政复议不受理事项中的"行政机关作出的处分或者其他人事处理决定"修改为"行政机关对行政机关工作人员的奖惩、任免等决定"。三是删去行政复议不受理事项中"对公民、法人或者其他组织权利义务不产生实际影响的行为"的规定。

三、有些常委会组成人员、部门、单位、地方、基层立法联系点、专家和社会公众建议，完善行政复议审理程序和决定体系，充分保障申请人合法权益。宪法和法律委员会经研究，建议作以下修改：一是明确行政复议机关、行政复议机构在调查取证、约谈和移送违法线索等环节中的职责。二是规定行政复议机构适用一般程序审理行政复议案件，应当听取当事人的意见；因当事人原因不能听取意见的，可以采取书面审查的办法。三是对于申请人无正当理由拒不参加听证，将"可以按照撤回行政复议申请处理"修改为"视为放弃听证权利"。四是增加规定"事实不清、证据不足，经行政复议机关调查取证后查清事实和证据"的，行政复议机关决定变更该行政行为。五是将行政复议期间有关"十日"的规定明确为工作日。

四、有些常委委员、部门、单位、地方、基层立法联系点、专家和社会公众建议，进一步明确行政复议委员会的定位、提请行政复议委员会咨询的情形以及咨询意见的作用。宪法和法律委员会经研究，建议作以下修改：一是增加规定，行政复议委员会就行政复议工作中的重大事项和共性问题进行研究，提出意见和建议。二是明确行政复议机构审理案情重大、疑难、复杂等行政复议案件，应当提请行政复议委员会提出咨询意见。三是增加规定，行政复议机构审理申请人对省、自治区、直辖市人民政府作出的行政行为不服的行政复议案件，应当提请行政复议委员会提出咨询意见。四是增加规定，提请行政复议委员会咨询的案件，行政复议机关应当将咨询意见作为作出行政复议决定的重要参考依据。

五、有些常委委员、全国人大代表、单位、地方、基层立法联系点、专家建议,增加对行政复议决定书的公开要求,以公开促公正,加强监督。宪法和法律委员会经研究,建议增加规定:行政复议机关应当根据被申请行政复议的行政行为的公开情况,按照国家有关规定将行政复议决定书向社会公开。

此外,还对修订草案作了一些文字修改。

修订草案二次审议稿已按上述意见作了修改,宪法和法律委员会建议提请本次常委会会议继续审议。

修订草案二次审议稿和以上汇报是否妥当,请审议。

全国人民代表大会宪法和法律委员会
2023 年 6 月 26 日

全国人民代表大会宪法和法律委员会关于《中华人民共和国行政复议法（修订草案）》审议结果的报告

全国人民代表大会常务委员会：

常委会第三次会议对行政复议法修订草案进行了二次审议。会后，法制工作委员会在中国人大网全文公布修订草案二次审议稿，征求社会公众意见。宪法和法律委员会、法制工作委员会召开座谈会听取有关部门和单位、专家学者和律师代表的意见，赴有关地方调研，了解情况，听取意见，并就修订草案中的主要问题与有关方面交换意见、共同研究。宪法和法律委员会于2023年7月26日召开会议，根据常委会组成人员的审议意见和各方面意见，对修订草案二次审议稿进行了逐条审议。司法部有关负责同志列席了会议。8月23日，宪法和法律委员会召开会议，再次进行了审议。宪法和法律委员会认为，为贯彻落实党中央决策部署，发挥行政复议公正高效、便民为民的制度优势和化解行政争议的主渠道作用，对行政复议法进行修订是必要的，修订草案经过两次审议修改，已经比较成熟。同时，提出以下主要修改意见：

一、有些常委委员、单位、地方、专家和社会公众建议，进一步加强行政复议履职保障，完善行政复议工作有关要求。宪法和法律委员会经研究，建议增加以下规定：一是行政复议机关应当支持和保障行政复议机构依法履行职责。二是行政复议机构应当指定行政复议人员负责办理行政复议案件。三是行政复议人员对办理行政复议案件过程中知悉的国家秘密、商业秘密和个人隐私，应当予以保密。四是行政复议委员会的组成和开展工作的具体办法，由国务院行政复议机构制定。

二、有些常委会组成人员、单位、地方、专家和社会公众建议，进一步扩大行政复议范围，完善行政复议前置范围，更好发挥行政复议解决行政纠纷和争议的功能。宪法和法律委员会经研究，建议作以下修改：一是扩大行政复议范围，将行政机关作出的不予受理工伤认定申请决定、工伤认定结论纳入行政复议范围。二是完善行政复议前置规定，将申请政府信息公开，行政机关不予公开的情形纳入行政复议前置范围；将行政复议前置其他情形的设定权限由"法律、法规"修改为"法律、行政法规"。

三、有些常委会组成人员、单位、地方、专家和社会公众建议，增加行政复议申请便民举措，更好体现行政复议便民为民的制度优势。宪法和法律委员会经研究，建议增加以下规定：一是行政机关通过互联网渠道送达行政行为决定的，应当同时提供提交行政复议申请书的互联网渠道。二是强化行政复议前置情形的告知义务，行政机关在作出行政行为时，应当告知公民、法人或者其他组织先向行政复议机关申请行政复议。三是对当场作出或者依据电子技术监控设备记录的违法事实作出的行政处罚决定不服申请行政复议的，可以通过作出行政处罚决定的行政机关提交行政复议申请。行政机关收到行政复议申请后，应当及时处理；认为需要维持行政处罚决定的，应当自收到行政复议申请之日起五日内转送行政复议机关。

四、有些常委会组成人员、单位、地方、专家和社会公众建议，进一步完善行政复议管辖制度和审理程序的上下互通渠道。宪法和法律委员会经研究，建议增加以下规定：一是对履行行政复议机构职责的地方人民政府司法行政部门的行政行为不服的，可以向本级人民政府申请行政复议，也可以向上一级司法行政部门申请行政复议。二是上级行政复议机关根据需要，可以审理下级行政复议机关管辖的行政复议案件。下级行政复议机关对其管辖的行政复议案件，认为需要由上级行政复议机关审理的，可以报请上级行政复议机关决定。

五、有些常委委员、单位、地方、专家和社会公众建议，调整优化行政复议决定体系，突出行政复议实质性化解行政争议的制度特点。宪法和法律委员会经研究，建议按照先变更、撤销或者部分撤销，后维持、驳回请求的顺序，对行政复议决定有关条文顺序进行调整。

此外，还对修订草案二次审议稿作了一些文字修改。

8月16日，法制工作委员会召开会议，邀请部分全国人大代表、行政复议机关、行政复议机构、行政复议参加人、专家学者等就修订草案中主要制度规范的可行性、出台时机、实施的社会效果和可能出现的问题等进行评估。与会人员一致认为，修订草案贯彻落实党中央决策部署，积极回应社会关切，突出制度优势，发挥化解行政争议主渠道作用措施有力，制度规范结构合理、内容科学、切实可行。修订草案经过多次修改完善，充分吸收各方面意见，进一步增强了制度规范的针对性和可操作性，已经比较成熟，尽快修订出台行政复议法正当其时，有利于保护人民群众合法权益、推进法治政府建设、促进社会公平正义，将产生良好的社会效果。与会人员还对修订草案提出了一些具体修改意见，宪法和法律委员会进行了认真研究，对有的意见予以采纳。

修订草案三次审议稿已按上述意见作了修改，宪法和法律委员会建议提请本次常委会会议审议通过。

修订草案三次审议稿和以上报告是否妥当，请审议。

全国人民代表大会宪法和法律委员会
2023年8月28日

全国人民代表大会宪法和法律委员会关于《中华人民共和国行政复议法（修订草案三次审议稿）》修改意见的报告

全国人民代表大会常务委员会：

本次常委会会议于8月28日下午对行政复议法修订草案三次审议稿进行了分组审议。普遍认为，修订草案已经比较成熟，建议进一步修改后，提请本次常委会会议表决通过。同时，有些常委会组成人员和列席人员还提出了一些修改意见和建议。宪法和法律委员会于8月28日晚召开会议，逐条研究了常委会组成人员和列席人员的审议意见，对修订草案进行了审议。司法部有关负责同志列席了会议。宪法和法律委员会认为，修订草案是可行的，同时，提出以下修改意见：

一、有的常委委员建议，通过发布指导性案例等方式，加强对行政复议案件办理的指导，进一步提升办案质量。宪法和法律委员会经研究，建议增加规定：国务院行政复议机构可以发布行政复议指导性案例。

二、有的常委委员、地方提出，实践中政府工作部门派出机构的情况比较复杂，对其行政行为不服的行政复议案件，不宜一律由派出机构所属工作部门的本级人民政府管辖，建议作出相对灵活的制度安排。宪法和法律委员会经研究，建议将第二十四条第一款第五项关于派出机构管辖的规定修改为："对县级以上地方各级人民政府工作部门依法设立的派出机构依照法律、法规、规章规定，以派出机构的名义作出的行政行为不服的行政复议案件，由本级人民政府管辖；其中，对直辖市、设区的市人民政府工作部门按照行政区划设立的派出机构作出的行政行为不服的，也可以由其所在地的人民政府管辖。"

三、有些常委委员提出，赋予申请人、第三人的委托代理人查阅、复制有关材料的权利，有利于更好实现申请人、第三人的合法权益，建议在修订草案中予以明确。宪法和法律委员会经研究，建议采纳这一意见。

四、有的常委委员和列席人员建议，对被申请人不履行或者无正当理由拖延履行行政复议决定的，加大监督力度，行政复议机关或者有关上级机关可以直接约谈被申请人的有关负责人或者予以通报批评。宪法和法律委员会经研究，建议采纳这一意见。

常委会组成人员和列席人员还就行政复议范围、完善审理程序、及时出台配套规定、加强法律实施宣传等提出了一些具体意见。宪法和法律委员会经研究认为，上述意见涉及的问题，有的已在相关法律法规中作出规定，有的涉及法律的具体执行，有的可在本法实施条例和配套规定中进一步明确，建议有关方面认真研究落实，尽快修改实施条例、完善配套规定，扎实做好法律宣传工作，切实保障法律有效贯彻实施。

经与有关部门研究，建议将修订后的行政复议法的施行时间确定为2024年1月1日。

此外，根据常委会组成人员的审议意见，还对修订草案三次审议稿作了个别文字修改。

修订草案修改稿已按上述意见作了修改，宪法和法律委员会建议本次常委会会议审议通过。

修订草案修改稿和以上报告是否妥当，请审议。

全国人民代表大会宪法和法律委员会
2023 年 8 月 31 日